AF306475

Universität Bielefeld

Fakultät für Soziologie

BA Politikwissenschaften

Bachelor-Thesis

Paradigmenwechsel in der Sozialpolitik der rot-grünen Regierung

Betrachtung eines Paradigmenwechsels im System der Bundesrepublik unter Einbeziehung von Parteiendifferenz und Vetospieler-Theorie

Udo Ehrich

Paradigmenwechsel in der Sozialpolitik der rot-grünen Regierung

Impressum:
Copyright: © 2018 Udo Ehrich
Herstellung und Verlag:
BoD – Books on Demand, Norderstedt.
ISBN 978-3-7460-4939-7
Titelphoto: © 2003 Udo Ehrich

2. Auflage

Bibliographische Information Der Deutschen Nationalbibliothek
Die Deutsche Nationalbibliothek verzeichnet diese Publikation in
der Deutschen Nationalbibliographie; detaillierte bibliographische
Daten sind im Internet über <http://dnb.d-nb.de> abrufbar.

Inhaltsverzeichnis

Vorwort zur 2. Auflage

Seit diese Bachelor-Arbeit vorgelegt wurde, also im Sommer des Jahres 2007, hat sich viel ereignet. Dennoch ist das Thema nach wie vor aktuell, denn es spielt in der Frage der Aufarbeitung des Abstiegs der SPD in den letzten beiden Jahrzehnten von einer Partei, die im Jahr 1998 mit 40.9% der Stimmen bei der Bundestagswahl zusammen mit der Partei Bündnis '90/Grüne die Regierung übernahm, zu einer Partei, die im Jahr 2017 mit 20.5% das schlechteste Ergebnis in ihrer Geschichte zur Zeit der Bundesrepublik erzielte. Im Jahr 1998 wählten rund 20.2 Mio. Menschen die SPD - 2017 waren es nur noch rund 9.5 Mio.

In diesen gut 20 Jahren verloren die Sozialdemokraten nicht nur zahlreiche Wahlen, sondern auch Mitglieder und mehr und mehr die Möglichkeit, Regierungen jenseits einer großen Koalition mit der CDU zu bilden. Eine Rolle bei diesem Abstieg dürften auch die „Reformen" spielen, um die es in dieser Bachelor-Arbeit geht. Denn die Agenda 2010 war innerhalb und außerhalb der SPD von Anfang an umstritten. Eine Nebenfolge der Politik Gerhard Schröders im Sozialbereich war die Entstehung der Wahlalternative Arbeit und soziale Gerechtigkeit (WASG) und deren Fusion mit der PDS zur Linkspartei, die inzwischen zu einer etablierten Partei nicht nur in Ost- sondern auch in Westdeutschland wurde.

Immer wieder wurde auch in der SPD diskutiert, Korrekturen an der Agenda 2010 vorzunehmen - eine Diskussion, die bis in die heutige Zeit aktuell ist. Denn in diesem politischen Programm wird einer der Ursachen des Niedergangs der SPD in den vergangenen Jahren gesehen. Somit handelt es sich bei der Untersuchung des Paradigmenwechsels in der Sozialpolitik der rot-grünen Regierung Gerhard Schröders nicht um ein Thema von vorgestern, sondern um eines, das bis in die heutige Zeit nachwirkt und auch noch jetzt die Diskussionen innerhalb der SPD bestimmt.

Die vorliegende Arbeit erscheint nunmehr in der zweiten Auflage bei Books on Demand, nachdem sie in den vergangenen zehn Jahren im Grin-Verlag erhältlich war. Inhaltlich wurde die Arbeit nicht verändert. Es handelt sich also nach wie vor um den Originaltext der Arbeit, die im Jahr 2007 an der Universität Bielefeld vorgelegt wurde. Verändert wurde einzig die Zitierweise, die im

Ursprungstext die amerikanische war, nun wegen der besseren Lesbarkeit hier in die Fußnoten verlegt wurde.

In der Zwischenzeit sind zu diesem Thema und zu Themen, die mit diesem zusammenhängen, zahlreiche weitere Bücher veröffentlicht worden. Zu denken wäre da unter anderem an die neuesten Ausgaben von Christoph Butterwegges Büchern »Krise und Zukunft des Sozialstaats«, »Hartz IV und die Folgen« sowie das Buch »Hartz IV und der Tag gehört Dir« von Björn Lange. Auch mit der Entwicklung der SPD befaßt sich das Buch von Christoph Egle u.a. »Die zweite große Koalition«. Beiträge zur Parteienforschung finden sich in den Büchern zur Bundestagswahl 2009 und 2013 von Karl-Rudolf Korte und anderen. Speziell die Entwicklung der SPD beleuchten Richard Bercanays Buch »Sozialdemokratie im Abbruch« und das Buch »Von Schröder zu Merkel« von Manfred Krapf.

Somit sind viele Ansatzpunkte denkbar, die an das Thema dieser Arbeit anknüpfen können, und von denen sicher viele lohnenswerte und interessante Ergebnisse bringen könnten.

1. Einleitung

In der vorliegenden Arbeit soll untersucht werden, inwieweit in der Sozialpolitik der rot-grünen Bundesregierung in der Zeit von 1998 bis 2005 ein Paradigmenwechsel stattgefunden hat. Zu diesem Zweck werden die Politikbereiche der Rentenpolitik und der Arbeitsmarktpolitik untersucht werden.

Zur Definition eines Paradigmenwechsels wird die Theorie Peter A. Halls herangezogen, der drei Stufen des Politikwechsels voneinander abgrenzt. Entlang dieser Stufen wird untersucht, welcher Art die Politikwechsel sind, die durch die rot-grüne Regierung vorgenommen wurden. Anhand dieser Kategorien soll auch untersucht werden, ob der Paradigmenwechsel sowohl in Hinblick auf die Politik der Vorgängerregierung als auch im Hinblick auf die bisherigen Positionen der SPD stattgefunden hat.

In einem ersten Schritt wird die Sozialpolitik der rot-grünen Regierung zunächst anhand der Renten-, anschließend der Arbeitsmarktpolitik und jeweils im Hinblick auf die Frage des Ausmaßes des Wandels untersucht. Anschließend wird anhand der Vetospieler-Theorie und der Parteiendifferenztheorie der Frage nachgegangen, welche Begleitumstände den Paradigmenwechsel begünstigten oder behinderten.

Zur Bearbeitung dieser Frage wurde insbesondere Literatur herangezogen, die sich politikwissenschaftlich mit den Ergebnissen rot-grünen Regierens in der Zeit zwischen 1998 und 2005 befaßten. Zudem wurden Betrachtungen zum Paradigmenwechsel hinzugezogen, insbesondere im Sinne von Peter A. Hall. Weitere Artikel und Beiträge wurden herangezogen, die die Entwicklung in der Sozialpolitik während der rot-grünen Regierung nachzeichneten.

Obwohl die Regierungszeit der rot-grünen Koalition noch nicht so weit zurückliegt, ist die Literaturlage diesbezüglich bereits beachtlich, umfaßt jedoch nicht alle Aspekte rot-grünen Regierens in voller Tiefe. Schon deshalb, und weil die Untersuchung aller sozialpolitischen Bereiche rot-grüner Politik den Rahmen dieser Arbeit gesprengt hätte, mußte das Themengebiet eingegrenzt werden.

Die Entscheidung, den Schwerpunkt auf die Arbeitsmarkt- und die Rentenpolitik der rot-grünen Regierung zu legen, fiel in erster Linie deshalb, weil die Paradigmenwechsel in der rot-grünen Sozialpolitik in diesen beiden Bereichen besonders anschaulich sind, und es daher naheliegt, diese Bereiche zu bearbeiten und die Ergebnisse zu vergleichen. Dabei wird der Blick insbesondere auf die SPD gerichtet, weil sie die für diese Politikbereiche zuständigen Ministerien besetze, und weil gerade die Sozialpolitik für die SPD ein zentraler Politikbereich für die parteipolitische Profilierung ist.

2. Theoretische Grundlagen

2.1. Paradigmenwechsel

Eingangs soll erläutert werden, was unter einem Paradigmenwechsel verstanden, und an welchen Kriterien dieser festgemacht wird. In der politikwissenschaftlichen Literatur wird zur Erklärung der Entwicklung der Sozialpolitik unter der rot-grünen Regierung oftmals auf die drei Formen des politischen Wandels zurückgegriffen, die Peter A. Hall identifiziert hat.

Zur Entwicklung dieser unterschiedlichen Ordnungen von Wandel legt Peter Hall zugrunde, daß der politische Prozeß drei Variablen enthält, nämlich die übergeordneten Ziele in einem Politikfeld, die Instrumente, mit denen diese Ziele erreicht werden sollen und die genauen Einstellungen dieser Instrumente.[1] Hieran orientieren sich die drei Ordnungen des politisches Wandels nach Hall: Der Wandel erster Ordnung wird als ein »Wandel von Parametern der Policy-Instrumente«[2] beschrieben. Der Wandel zweiter Ordnung stellt den Wandel der Policy-Instrumente selbst dar, während der Wandel dritter Ordnung den Wandel der Policy-Ziele darstellt, also den Wandel von Problemdefinitionen.[3]

Hall beschreibt sein Modell des politischen Wandels anhand des Paradigmenwechsels in der britischen Wirtschaftspolitik vom Keynesianismus zum Monetarismus unter Thatcher. Ein solch grundlegender Wandel, der die unmittelbaren Ziele und Problembeschreibungen tangiert, also ein Wandel dritter Ordnung, bringt auch einen Wandel der Policy-Instrumente und deren Einstellungen mit sich.[4] Entsprechend enthält ein Wandel zweiter Ordnung auch einen Wandel erster Ordnung. Somit werden diese unterschiedlichen Stufen politischen Wandels kumulativ verstanden.[5]

Ein Beispiel für einen Wandel der ersten Ordnung wäre die Erhöhung der Selbstbeteiligung in der gesetzlichen Krankenversicherung, während die Einführung einer Praxisgebühr einen Wandel

---

[1] vgl. Hall, Peter A.: Policy Paradigms, Social Learning And The State. S. 278
[2] Leisering, Lutz: Die Reform der Sozialhilfe 1990 - 2005. MS
[3] vgl. ebd.
[4] vgl. Hall, Peter A.: Policy Paradigms, Social Learning And The State. S. 279
[5] vgl. Leisering, Lutz: Die Reform der Sozialhilfe 1990 - 2005. MS

zweiter Ordnung darstellen würde,[6] denn hier wird ein neues Politik-Instrument eingeführt. Gebe es keine Selbstbeteiligung in der Krankenversicherung, wäre somit deren Einführung in Wandel zweiter Ordnung. Wird hingegen zum Beispiel die Beitragssatzstabilität als eigenes Ziel eingeführt, wäre dies ein Wandel der dritten Ordnung.[7]

2.2. Vetospieler-Theorie

In der Literatur zum politischen System der Bundesrepublik wird diese weitgehend als »Konsensdemokratie« bezeichnet, deren institutionelles Arrangement einen radikalen Politikwechsel unwahrscheinlich macht, mindestens jedoch erschwert.[8] Als eine der Ursachen hierfür wird die hohe Zahl der möglichen Vetospieler beschrieben, die politische Prozesse behindern oder blockieren können. Im wesentlichen wird zwischen institutionellen und Parteien als Vetospieler unterschieden, somit also kollektiven Akteuren, von deren Zustimmung Veränderungen abhängen.[9] In der Bundesrepublik wären somit Bundestag und Bundesrat institutionelle Vetospieler. Würden beide Institutionen mehrheitlich von der gleichen Partei beherrscht, käme nach Tsebelis die »Absorptionsregel« zum Tragen, so daß nur noch die parteilichen Vetospieler von Belang wären, also die Parteien, die eine Regierungskoalition bilden.[10]

Hinzu kommen, insbesondere in der Bundesrepublik, weitere Vetospieler wie zum Beispiel das Verfassungsgericht oder mächtige Interessenverbände.[11]

Die Wahrscheinlichkeit von Politikwechseln hängt nach dieser Theorie von verschiedenen Faktoren ab, nämlich von der Zahl der Vetospieler, von der programmatischen Distanz zwischen den Vetospielern und von der inneren Geschlossenheit der kollektiven

---

[6] vgl. ebd.
[7] vgl. ebd.
[8] vgl. Merkel, Wolfgang: Institutionen und Reformpolitik: Drei Fallstudien zur Vetospieler-Theorie. S. 167
[9] vgl. ebd. S. 164
[10] vgl. ebd.
[11] vgl. ebd. S.165

Vetospieler.[12]

In der Bundesrepublik spielt der Bundesrat als institutioneller Vetospieler eine wichtige Rolle, vor allem dann, wenn in Bundestag und Bundesrat entgegensetze Mehrheiten herrschen. Dabei sollte allerdings nicht übersehen werden, daß selbst wenn der Bundesrat von einer Mehrheit der Oppositionsparteien des Bundestages beherrscht wird, die innere Geschlossenheit des Vetospielers Bundesrat oftmals durch die landespolitischen Interessen der einzelnen Regierungen aufgeweicht wird.[13] Dies spielte auch während der Regierungszeit der rot-grünen Koalition immer wieder eine Rolle, denn schon kurz nach der Regierungsübernahme verlor die rot-grüne Regierung ihre Mehrheit im Bundesrat.

2.3. Parteiendifferenz-Theorie

Die Parteiendifferenz-Theorie basiert grundsätzlich auf der Annahme, daß eine Gesellschaft aus unterschiedlichen Klassen besteht, die jeweils von bestimmten Parteien vertreten werden. Insofern würde es einen Unterschied insbesondere im Bereich der Wirtschafts- und Sozialpolitik machen, welche Partei die Regierung stellt.[14] Nach diesen Annahmen würden sozialdemokratische Parteien eher die Arbeitslosigkeit, konservative und liberale Parteien eher die Inflation bekämpfen.[15]

Jedoch verwischen diese Grenzen zunehmend mit der Individualisierung und der abnehmenden Bedeutung von Klassen in der Gesellschaft, so daß auch die Parteiendifferenz-Theorie mehr und mehr in Studien hinterfragt und darauf hingewiesen wird, daß die Wählerschaft der Parteien heterogener wird.[16]

Jedoch läßt sich die These, daß es zwischen den Parteien (praktisch) keinen Unterschied mehr gebe, nicht stützen. Wenn es auch Übereinstimmung in bestimmten Fragen insbesondere zwischen den großen Parteien in der Bundesrepublik gibt, so bestehen doch in einzelnen Politikfeldern erhebliche, klar erkennbare Differen-

---

[12] vgl. ebd. S. 166
[13] vgl. ebd. S. 168
[14] vgl. Seeleib-Kaiser, Martin: Politikwechsel und Machtwechsel? S. 14
[15] vgl. ebd.
[16] vgl. ebd. S. 16

zen.[17]

So läßt sich sagen, daß sich in der grundsätzlichen Wirtschafts- und Sozialpolitik SPD, Grüne und PDS auf der einen Seite CDU/CSU und FDP auf der andren Seite gegenüberstehen, die Differenzen zwischen SPD und CDU/CSU jedoch nicht unüberbrückbar sind.[18]

---

[17] vgl. Schmidt, Manfred G.: Das politische System Deutschlands. S. 107f
[18] vgl. ebd. S. 108

3. Vom »versorgenden« zum »aktivierenden« Sozialstaat

Mit der Veröffentlichung des sogenannten »Schröder-Blair-Papiers« im Juni 1999 setzte in der SPD eine kontroverse programmatische Debatte ein, die sich zunächst nicht in der Regierungspolitik niederschlug. Dabei verfolgte Bundeskanzler Schröder mit der Veröffentlichung dieses Papiers eine Neuorientierung hin zum »Dritten Weg«, einer »angebotsorientierten Politik von links«.[19]

Die programmatische Debatte um das »Schröder-Blair-Papier« wurde innerhalb der SPD teilweise öffentlich geführt. Die Abkehr von zentralen sozialdemokratischen Forderungen, die in dem Papier zum Ausdruck kam, brachte nicht nur den Arbeitnehmerflügel der SPD gegen den Bundeskanzler auf,[20] der nach dem Rücktritt Oskar Lafontaines von allen Ämtern auch Parteivorsitzender der SPD wurde.

Bezüglich der Arbeitsmarktpolitik forderte das »Schröder-Blair-Papier« einen Politikwechsel hin zu einer »aktivierenden« Arbeitsmarktpolitik. In dieser programmatischen Debatte ging es nicht nur um Veränderungen von Politikinstrumenten, sondern auch um eine Veränderung der Zielhierarchie der Sozialdemokratie, also ein Wandel dritter Ordnung.[21] Ziel war es einen Wechsel von einem »versorgenden« Sozialstaat zu einem »aktivierenden« Sozialstaat zu vollziehen, welcher sowohl die Politik-Instrumente als auch die Zielsetzungen berührt (siehe Tabelle 1).

---

[19] vgl. Blancke, Susanne und Josef Schmid: Bilanz der Bundesregierung Schröder in der Arbeitsmarktpolitik 1998 - 200. S. 218f
[20] vgl. Egele, Christoph und Christian Henkes: Später Sieg der Modernisierer über die Traditionalisten? S. 77f
[21] vgl. ebd.

Sozialpolitische Ziele und Leitbilder	Der fürsorgende Wohlfahrtsstaat	Der aktivierende Wohlfahrtsstaat
Sozialpolitik allgemein	Versorgung bzw. Fürsorge - reaktiv, kompensatorisch	- Aktivierung, Eigenverantwortung - präventiv, befähigend
Freiheit	... von materieller Not ... vom Erwerbszwang ☐ Dekommodifizierung	... von Wohlfahrtsbürokratie ... zu Selbstmanagement ☐ (Re-)Kommodifizierung
Gleichheit	... der materiellen Lebensverhältnisse ☐ Einkommensumverteilung	... der sozialen Teilhabemöglichkeiten (Arbeitsmarkt und Bildung)
Soziale Rechte	Universalisierte Rechtsansprüche auf standardisierte materielle Leistungen ☐ Leistungen qua Status	Teilhaberechte; Konditionalisierte und individualisierte Leistungen (Bedingung: Ko-Produktion) ☐ Leistungen qua Vertrag
Staats- und Steuerungsverständnis	Planender Staat ☐ Erfüllungsverantwortung ☐ Direktiv, hierarchisch	Kooperativer Staat; Vermittler u. Initiator ☐ Gewährleistungsverantwortung ☐ diskursiv, kooperativ

Beschäftigungs-/Arbeitsmarktpolitik		
Ziele	Vollbeschäftigung (für Ernährer) - Normalarbeitsverhältnis und Berufsschutz	Beschäftigungsfähigkeit für »alle« - flexible Anpassung der Arbeitnehmer am Arbeitsmarkt
Umsetzung	Nachfragesteuerung - Passive AMP zur Kompensation des Einkommensausfalls - Aktive AMP zum Ausgleich strukturellen Mismatchs ☐ Arbeitsmarktstrukturen	Angebotssteuerung - Reduktion von Transferleistungen (Arbeitsanreiz) - Qualifizierung u. Dienstleistungen ☐ Aktivierung der Individuen
Implizite Prämissen für Familienpolitik	Männliches Ernährermodell Familialisierung (Hausfrauenehe)	Egalitäres Zweiverdienermodell Defamilialisierung (öffentliche Betreuungs- u. Pflegedienstleistungen)

Tabelle 1: Vom fürsorgenden zum aktivierenden Wohlfahrtsstaat - Veränderungen von Zielen und Leitbildern[22]

In diesem Rahmen zeigte auch schon das Wahlprogramm der SPD für die Bundestagswahl 1998 erste Zeichen einer Neuorientierung in der Beschäftigungspolitik, so zum Beispiel die Akzeptanz atypischer Beschäftigungsverhältnisse und damit ein Abrücken vom Normalarbeitsverhältnis als Ziel der Beschäftigungspolitik (vgl. Gohr 2003: S. 43). Insbesondere wird mit der Agenda 2010 ein Wechsel der Ziele weg vom Normalarbeitsverhältnis zu einer »flexiblen Anpassung der Arbeitnehmer an den Arbeitsmarkt«[23] vollzogen. Dabei stellen Kritiker dieses Kurses die Frage, wofür

---

[22] Dingeldey, Irene: Aktivierender Wohlfahrtsstaat und sozialpolitische Steuerung. S. 8
[23] ebd. S. 8, Tabelle

eigentlich die Arbeitslosen aktiviert werden sollen, wenn es zu wenige Arbeitsplätze gibt.[24]

Auch in der Rentenpolitik wird eine stärkere private Absicherung gefordert.[25] »Die Steuerungsoption Staat wird zu Gunsten der Steuerungsoption Markt und Zivilgesellschaft zurückgedrängt«.[26]

Das Ziel der Dekommodifizierung wird somit zugunsten einer Strategie der Rekommodifzierung aufgegeben, worin zum Ausdruck kommt, daß im Rahmen der Arbeitsmarktpolitik die Beschäftigungsfähigkeit der Leistungsempfänger (wieder)hergestellt werden soll.[27]

Wie weitreichend dieser Politikwechsel war, und welcher Ordnung die Paradigmenwechsel in den Bereichen der Renten- und Arbeitsmarktpolitik zuzuordnen sind, soll zunächst im Rahmen der Rentenpolitik und anschließend der Arbeitsmarktpolitik untersucht werden.

---

[24] vgl. ebd.
[25] vgl. ebd.
[26] Gohr, Antonia: Auf dem „dritten Weg" in den „aktivierenden Sozialstaat"? S. 44
[27] vgl. ebd. S. 47

4. Rentenpolitik der rot-grünen Bundesregierung

Unmittelbar nach dem Regierungswechsel löste die rot-grüne Koalition unter anderem auch in der Rentenpolitik zunächst ihr Wahlversprechen ein und setzte die durch die Regierung Kohl beschlossene Rentenreform zunächst aus. Dabei ging es im Kern um den durch die Vorgängerregierung eingeführten sogenannten »demographischen Faktor«, welcher das Rentenniveau künftiger Rentner absenken sollte, um die Beiträge stabil zu halten. Zur Vermeidung eines Anstiegs des Rentenversicherungsbeitrags nutzte die rot-grüne Regierung die Einnahmen aus der neu eingeführten »Öko-Steuer« zu einer Erhöhung des Bundeszuschusses für die Rentenkasse. Dadurch wurde eine Senkung des Beitragssatzes zur Rentenversicherung auf unter 20 Prozent möglich.[28]

Dieser Vorgang läßt sich mit der Parteienkonkurrenztheorie erklären, nach der es eine Rolle für die Wirtschafts- und Sozialpolitik spielt, welche Partei an der Macht ist.[29] Die politisch unerwünschten Entscheidungen der Vorgängerregierung wurden zunächst revidiert, beziehungsweise im Fall der Rentenpolitik ausgesetzt, um letztlich eigene Entscheidungen in diesem Feld vorzubereiten und durchzuführen.

Die Reform, die durch die rot-grüne Regierung durchgeführt wurde, verfolgte das Ziel, den Beitragssatz zur Rentenversicherung bis zum Jahr 2020 unter 20 Prozent und bis zum Jahr 2030 unter 22 Prozent zu halten.[30] Hierzu wurde eine staatlich geförderte kapitalgedeckte private Altersvorsorge eingeführt, die wie auch die betriebliche Altersvorsorge gefördert wird. In dieser Maßnahme wird ein Wechsel vom Sozialversicherungsparadigma zum Mehrsäulenparadigma gesehen.[31]

Die Einführung der staatlich geförderten privaten und betrieblichen Rente wird als das Kernstück der sogenannten »Riester-

---

[28] vgl. Pilz, Frank: Der Sozialstaat. S. 170
[29] Seeleib-Kaiser, Martin: Politikwechsel nach Machtwechsel? S. 14
[30] vgl. Pilz, Frank: Der Sozialstaat. S. 170
[31] vgl. Bönker, Frank: Der Siegeszug des Mehrsäulenparadigmas in der bundesdeutschen Rentenpolitik. S. 338

Rente«, benannt nach dem ersten Arbeitsminister der rot-grünen Koalition, Walter Riester, betrachtet. Die Einführung dieser Elemente in die Rentenpolitik soll im Mittelpunkt der folgenden Betrachtungen stehen.

4.1. Rentenpolitische Maßnahmen der Regierung Schröder

In der Bundesrepublik war von den 1950er bis zu den 1990er Jahren das Sozialversicherungsparadigma im Rahmen eines parteiübergreifenden Konsenses vorherrschend. Dies bedeutet, daß alle wesentlichen Akteure die staatliche umlagefinanzierte Rente auch bei Differenzen im Detail grundsätzlich unterstützten.[32] Private und/oder betriebliche Altersvorsorge wurde als Ergänzung für die Besserverdienenden verstanden und waren somit nicht fester Bestandteil der Altersvorsorge.[33]

In diesem Sinne war nach dem Wahlsieg von SPD und Grünen in zweifacher Hinsicht ein Paradigmenwechsel in der Rentenpolitik eine politische Überraschung: Zum einen wurde die Bundesrepublik als ein Staat betrachtet, dessen institutionelles Arrangement einen Politikwechsel zumindest erschwert,[34] zum anderen war entlang der Profilierung und der bisherigen Oppositionsstrategie der SPD nicht zu erwarten, daß ausgerechnet die Sozialdemokraten den Wechsel vom Sozialversicherungs- zum Mehrsäulenparadigma vollziehen würden. Hinzu kommt, daß die Politik der Alterssicherung als Beispiel für besondere Pfadtreue galt.[35]

Mit der Reform der Rentenversicherung im Jahr 2001 führte die rot-grüne Regierung im wesentlichen die folgenden Neuerungen in die Rentenpolitik ein: Neben der gesetzlichen Sozialversicherungslösung wird private, kapitalgedeckte Altersvorsorge sowie Betriebsrenten staatlich im Rahmen der sogenannten »Riester-Rente« gefördert. Um die maximale Förderung zu erreichen, muß ein Mindesteigenbeitrag geleistet werden, der von den Jahren 2002/2003 von 1% bis ab 2008 auf 4% des beitragspflichtigen Einkommens betragen muß.[36] Die Rentenanpassung wird entlang

---

[32] vgl. ebd. S. 342
[33] vgl. ebd. S. 340
[34] vgl. Merkel, Wolfgang: Institutionen und Reformpolitik. S. 167
[35] vgl. Schmidt, Manfred G.: Rot-grüne Sozialpolitik (1998-2002). S. 247
[36] vgl. Pilz, Frank: Der Sozialstaat. S. 171

der Bruttoeinkommen vorgenommen, so daß Lohnsteuersenkungen, die die Nettolöhne erhöhen, nicht mehr zu entsprechenden Rentensteigerungen führen würden.[37] Damit besteht die neue Rentenformel aus drei Elementen, nämlich »der Veränderung des Bruttoeinkommen [sic!] gegenüber dem Vorjahr modifiziert durch Veränderungen des Rentenbeitragssatzes sowie des sogenannten Altersvorsorgeanteils«.[38]

Diese Neuregelung der Rentenformel brachte mit sich, daß das Rentenniveau aus der gesetzlichen Versicherung in künftigen Jahren um den Anteil der Privatvorsorge gekürzt wird. Dies bedeutet, daß der »Altersvorsorgeanteil« sich mindernd auf das Niveau der gesetzlichen Rente auswirkt, dies in Stufen von 0.5% vom Jahr 2002 bis im Jahr 2009 die 4% privater, kapitalgedeckter Vorsorge erreicht sind.[39]

Ein weiteres wesentliches Projekt der rot-grünen Regierung in der Rentenpolitik war die Einführung einer bedarfsabhängigen Grundsicherung, die verhindern sollte, daß Renten unterhalb des Sozialhilfesatzes fielen. Die Renten von einkommensschwachen Rentnern und Erwerbsunfähigen sollte auf ein Niveau aufgestockt werden, welches 15% über dem Regelsatz der Sozialhilfe liegt. Hinzu kommt, daß »auf Unterhaltsansprüche gegenüber den Eltern und Kindern verzichtet [wird], sofern deren jährliches Einkommen weniger als 100 000 Euro beträgt«.[40] War die Grundsicherung ursprünglich als Teil der Rentenreform vorgesehen, konnten sich Sozialversicherungsträger mit dem Argument durchsetzen, daß eine Grundrente innerhalb der gesetzlichen Rentenversicherung die Vermischung zweier Systeme wäre. So wurde die Grundsicherung zu einem eigenen Gesetz und aus der Rentenversicherung wieder herausgenommen.[41] Die Pfadabweichung, eine bedarfsorientierte Grundsicherung im Rahmen der ansonsten beitragsbezogenen Rente zu gewähren, war innerhalb des Systems nicht durchzusetzen. Gleichwohl legte der Gesetzgeber Wert

---

[37] vgl. ebd. S. 173
[38] Nullmeier, Frank: Alterssicherungspolitik im Zeichen der „Riester-Rente". S. 175
[39] vgl. Pilz, Frank: Der Sozialstaat. S. 173
[40] ebd. S. 177
[41] vgl. Nullmeier, Frank: Alterssicherungspolitik im Zeichen der „Riester-Rente". S. 176

darauf, daß »die Durchführung der Grundsicherung getrennt von der Sozialhilfe erfolgt«,[42] denn Ziel dieser Regelung war die Bekämpfung der verschämten Armut, die auch darin gründete, daß die Betroffenen den Gang zum Sozialamt scheuten.

Die Gesetzgebung in der Rentenpolitik der rot-grünen Regierung spielte sich überwiegend in der ersten Amtsperiode der rot-grünen Regierung ab. Weitere Anpassungen in der zweiten Wahlperiode bezogen sich dann auf eine Anhebung der Beitragssätze zur Rentenversicherung von 19.1% auf 19.5%, eine Absenkung der Schwankungsreserve in der Rentenversicherung von 80% auf 50% einer Monatsausgabe sowie auf die Anhebung der Beitragsbemessungsgrenze.[43] Weitere Maßnahmen wurden diskutiert, jedoch nicht umgesetzt.

4.2. Akteure im Gesetzgebungsverfahren der »Riester-Rente«.

Wie bereits hervorgehoben gilt die Rentenpolitik in der Bundesrepublik Deutschland als besonders pfadtreu. Insofern ist zu untersuchen, ob die Riester-Rente eine Abweichung von diesem Pfad bedeutet, der einen Paradigmenwechsel darstellt.

Zwei wesentliche Abweichungen vom bisherigen Pfad hat es mit der Riester-Rente gegeben, und zwar zum einen die Stärkung der betrieblichen und privaten, kapitalgedeckten Säule in der Rentenversicherung, zum anderen die Stabilisierung des Beitragssatzes als erklärtes Ziel der Rentenreform.[44]

Im bisherigen Sozialversicherungsparadigma der Rentenversicherung stand die Sicherung des Lebensstandards im Alter im Vordergrund.[45] Dieses Ziel konnte nach Auffassung der Anhänger dieses Paradigmas am besten über eine gesetzliche Sozialversicherung erreicht werden, weil zum einen den Kapitalmärkten kein Vertrauen entgegengebracht werden kann, zum anderen sich Gesellschaften nicht wie Individuen auf die Zukunft vorbereiten

---

[42] Buhr, Petra: Wege aus der Armut durch Wege in eine neue Armutspolitik? S. 155
[43] vgl. Pilz, Frank: Der Sozialstaat. S. 180
[44] vgl. ebd. S. 170
[45] vgl. Bönker, Frank: Der Siegeszug des Mehrsäulenparadigmas in der bundesdeutschen Rentenpolitik: S. 340

können.[46] Private und betriebliche Vorsorge gelten hier eher als Ergänzung.[47] Dem setzen die Anhänger des Mehrsäulenparadigmas entgegen, daß die gesetzliche Sozialversicherung politischen Unsicherheiten ausgesetzt sei, die Risiken der Kapitalmärkte nicht übertrieben werden sollten und die Kapitalmärkte geeignet wären, »die ökonomischen Belastungen der demographischen Entwicklung [zu] verringern«.[48]

Nun war zum einen eine solche Pfadabweichung vom Sozialversicherungsparadigma von einer sozialdemokratischen Partei nicht unbedingt zu erwarten, zudem setzte eine solche Pfadabweichung voraus, daß sie innerhalb des politischen Systems der Bundesrepublik durchgesetzt werden mußte. Welche Veto-Spieler könnten dem entgegenstehen?

Zum einen waren es die beiden Parteien der Regierungskoalition, bei denen insbesondere innerhalb der SPD der neue Kurs in der Rentenpolitik umstritten war.[49] Auf der anderen Seite stand der Bundesrat, in dem die Regierungskoalition über keine eigene Mehrheit verfügte und auf 12 Stimmen entweder aus dem »neutralen« Lager[50] oder aus dem christdemokratisch dominierten Lager angewiesen war.[51]

Ist nun die Einführung der privaten, kapitalgedeckten und der betrieblichen Säule als politischer Wandel zu bezeichnen? Und wenn dem so ist, handelt es sich um einen politischen Wandel der ersten, zweiten oder dritten Ordnung?

4.3. »Riester-Rente« als Paradigmenwechsel?

Daß es sich bei der Umstellung der Rente vom Sozialversicherungsparadigma zum Mehrsäulenparadigma um einen Wandel in

---

[46] vgl. ebd. S. 340f
[47] vgl. ebd.
[48] vgl. ebd. S. 342
[49] vgl. Merkel, Wolfgang: Institutionen und Reformpolitik: S. 176
[50] nach Merkel 2003 werden als neutrales Lager jene Bundesländer definiert, in welchen die SPD den Ministerpräsidenten stellt, jedoch keine rot-grüne Regierung besteht. Dies sind mit Stand vom Juli 2000 Rheinland-Pfalz (SPD/FDP), Mecklenburg-Vorpommern, Berlin (beide SPD/PDS), Bremen und Brandenburg (beide große Koalition mit SPD als stärkste Partei) (Merkel, Wolfgang: Institutionen und Reformpolitik. S. 172)
[51] vgl. Merkel, Wolfgang: Institutionen und Reformpolitik. S. 176

der Rentenpolitik handelt, kann kaum bestritten werden. Es kann also im Folgenden nur um die Frage gehen, welcher Ordnung dieser Wandel zuzuordnen ist. Handelt es sich bei der Einführung des Mehrsäulenparadigmas um einen Wandel, der nur die Einstellung der Politik-Instrumente betrifft (Wandel erster Ordnung), die Politik-Instrumente selbst (Wandel zweiter Ordnung) oder gar den Wandel der Hierarchie der Politikziele (Wandel dritter Ordnung), was ein Paradigmenwechsel wäre.

Als gesichert gilt, daß mit der rot-grünen Rentenreform der Pfad wegführt von der Sozialversicherung hin zu einer stärkeren Betonung von privater und betrieblicher Altersvorsorge.[52] Dabei ist in Betracht zu ziehen, daß die beiden Säulen der privaten und der betrieblichen Vorsorge auch schon vor der Rentenreform der rot-grünen Regierung in Deutschland existierten, bislang jedoch nur nicht als fester Bestandteil einer Altersvorsorgepolitik integriert waren.[53] In den 1990er Jahren gewann indes die Frage der Beitragssatzstabilität mehr und mehr an Bedeutung und wurde schließlich für die rot-grüne Regierung zu einem wichtigen Ziel bei der Rentenreform.[54] Mit dem Wechsel vom Sozialversicherungsparadigma zum Mehrsäulenparadigma ging auch ein Wechsel zu einer einnahmeorientierten Ausgabenpolitik einher,[55] was wiederum als ein Wandel dritter Ordnung in der deutschen Rentenpolitik zu betrachten ist.

Angesichts des Umstandes, daß es grundsätzlich bereits vor der Riester-Reform neben der gesetzlichen Sozialversicherung auch eine betriebliche und eine private Vorsorge für das Alter gab, sieht die Änderung durch die Riester-Rente nach einem Wandel erster Ordnung aus, also einer Neujustierung der Policy-Instrumente. Die drei Säulen der Rentenversicherung, die auch bislang bestanden, werden in ein neues Verhältnis zueinander gebracht. Zwar standen die betriebliche und die kapitalgedeckte Säule bislang nicht im Zentrum der Rentenpolitik. Sie waren eine Zusatzversorgung für jene, die es sich leisten konnten und leisten woll-

---

[52] vgl. Schmidt, Manfred G.: Rot-grüne Sozialpolitik (1998-2002). S. 250
[53] vgl. Bönker, Frank: Der Siegeszug des Mehrsäulenparadigmas in der bundesdeutschen Rentenpolitik. S. 351f
[54] vgl. ebd. S. 348ff und Pilz, Frank: Der Sozialstaat. S. 169f
[55] vgl. Schmidt, Manfred G.: Rot-grüne Sozialpolitik (1998-2002). S. 248

ten.

Teil der staatlichen Strategie zur Altersvorsorge wurden diese Säulen erst mit der Riester-Reform. Bei dieser Reform wurde das zentrale Ziel der gesetzlichen Rentenversicherung, nämlich die Lebensstandardsicherung, aufgegeben zugunsten einer Alterssicherungspolitik, die sich auf mehrere Säulen stützt. Der Lebensstandard kann nur noch gesichert werden, wenn man neben der gesetzlichen Rente, die durch die Einführung der neuen Rentenformel abgesenkt wird, auch privat vorsorgt. Die Lebensstandardsicherung wird zwar durch die staatliche Förderung der privaten Vorsorge ermöglicht und gestützt, jedoch gewährleistet der Staat sie nicht mehr.[56]

Hierin ist ein klarer Wandel in der Hierarchie der politischen Ziele der Rentenpolitik zu erkennen. Unter Einbeziehung des Ziels der Beitragssatzstabilität, also der einnahmeorientierten Ausgabenpolitik, findet der Wechsel von der Lebensstandardsicherung hin zu einer Alterssicherungspolitik statt. Hier ändern sich ersichtlich nicht nur die Instrumente sondern auch die Ziele staatlicher Politikgestaltung, weswegen der Paradigmenwechsel mit der Riester-Reform sehr eindeutig als ein Paradigmenwechsel der dritten Ordnung erscheint.

Dabei handelt es sich nicht nur um einen deutlichen Paradigmenwechsel gegenüber der Vorgängerregierung, sondern es handelt sich ebenso um einen Paradigmenwechsel in Hinblick auf die bisherige programmatische Ausrichtung zumindest der SPD in dieser Frage.

Ein solcher Paradigmenwechsel wurde bislang jedoch in Deutschland aufgrund der Pfadtreue gerade in der Rentenversicherung für unwahrscheinlich gehalten. Wie kam es also angesichts der Deutschland immer wieder attestierten institutionellen Hindernisse trotzdem zu diesem Paradigmenwechsel dritter Ordnung?

---

[56] vgl. Nullmeier, Frank: Alterssicherungspolitik im Zeichen der „Riester-Rente". S. 172

4.4. Veto-Spieler und Parteiendifferenz

Im Gesetzgebungsverfahren zeigt sich, daß sich Wechsel vom Sozialversicherungsparadigma zum Mehrsäulenparadigma durch eine breite Mehrheit getragen wurde. Dies wiederum wurde begünstigt durch einen Elitenwechsel, der nicht nur auf den Regierungswechsel im Bund gründete, sondern auch innerhalb der Parteien und insbesondere im Bereich der Sozialpolitik stattfand. Sowohl in der CDU verlor Norbert Blüm, als auch in der SPD der Sozialpolitiker Rudolf Dreßler, die beide Verfechter des Sozialversicherungsparadigmas waren, innerparteilich an Boden.[57] Auch die Besetzung des Sozialministeriums mit Walter Riester, der als »Modernisierer« galt, statt mit Rudolf Dreßler, weist auf einen solchen Elitenwechsel hin, der den Paradigmenwechsel ermöglichte.

Im Fall der Rentenreform war die CDU in sich geschlossen, zumal sie zuvor im Sommer 2000 bei der Steuerreform im Bundesrat eine Niederlage erlitten hatte, nachdem sich einzelne »neutrale« Bundesländer mit CDU- und FDP-Beteiligung aus der Strategie ihrer Bundesparteien durch die Regierung Schröder »herauskaufen« ließen.[58] Seitens der CDU hielt man die von der rot-grünen Regierung vorgeschlagene Rentenreform für nicht weitgehend genug. Auch die FDP wünschte sich weitere Ergänzungen.[59] Die Regierung spaltete ihr Vorhaben in einen zustimmungspflichtigen und einen zustimmungsfreien Teil auf. Der zustimmungspflichtige Teil der Reform wurde im Bundesrat gestoppt und an den Vermittlungsausschuß verwiesen, wo die CDU weitere Zugeständnisse erreichen konnte. Das Gesetz an sich passierte nach dem Vermittlungsverfahren den Bundesrat und trat in Kraft, nachdem die Bundesregierung nicht nur an die CDU, sondern auch an die großen Koalitionen in Berlin, Bremen und Brandenburg und an die FDP Zugeständnisse gemacht hatte.[60]

Grundsätzlich hatten die Oppositionsparteien im Bund ein Inter-

---

[57] vgl. Bönker, Frank: Der Siegeszug des Mehrsäulenparadigmas in der bundesdeutschen Rentenpolitik. S. 355
[58] vgl. Merkel, Wolfgang: Institutionen und Reformpolitik. S. 174f
[59] vgl. ebd. S. 176
[60] vgl. ebd. S. 177f

esse daran, die Regierung als reformunfähig darzustellen, auf der anderen Seite wurden mit der Reform Forderungen erfüllt, die zwar aus Sicht der CDU/CSU und FDP nicht weit genug gingen, jedoch eine Verbesserung gegenüber dem Status Quo darstellten.[61]

Weitere Faktoren im politischen Prozeß erleichterten den beschriebenen Paradigmenwechsel. Neben dem Elitenwechsel in der Politik wurde das Mehrsäulenparadigma von mächtigen Interessengruppen wie den Arbeitgeberverbänden und der Finanzwirtschaft unterstützt, während die Verteidiger des Sozialversicherungsparadigmas, also die Gewerkschaften und die Sozialverbände, in der öffentlichen Diskussion immer mehr in die Defensive gerieten.[62] Hinzu kamen schlagkräftige policy entrepreneurs wie Meinhard Miegel oder Hans-Werner Sinn, die sich öffentlichkeitswirksam für den Paradigmenwechsel einsetzten.[63] Dies bewirkte, daß sich in der Öffentlichkeit der Eindruck verstärkte, daß das Sozialversicherungsparadigma an seine Grenzen gestoßen war.

Entlang der Parteiendifferenz-Theorie ist die Entwicklung in der Rentenpolitik eher eine Überraschung. War doch von einer sozialdemokratisch geführten Regierung nicht zu erwarten, daß sie einen Paradigmenwechsel in der Rentenpolitik hin zu einer kapitalgedeckten Altersvorsorge vollziehen würde.[64]

Der Beginn der rot-grünen Rentenpolitik folgte zunächst geradezu klassisch der Parteiendifferenz-Theorie: Die Rentenreform der Regierung Kohl wurde ausgesetzt, mit den Mehreinnahmen der sogenannten »Öko-Steuer« wurde der Bundeszuschuß zur Rentenversicherung aufgestockt und damit die politisch unerwünschten Entwicklungen der Vorgängerregierung aufgehoben.[65]

Mit der Riester-Reform erfolgten dann jedoch Maßnahmen, die an

---

[61] vgl. ebd. S. 175

[62] vgl. Bönker, Frank: Der Siegeszug des Mehrsäulenparadigmas in der bundesdeutschen Rentenpolitik. S. 352f

[63] vgl. ebd. S. 355

[64] vgl. Schmidt, Manfred G.: Die Sozialpolitik der zweiten rot-grünen Koalition (2002-2005). S. 295

[65] vgl. Nullmeier, Frank: Alterssicherungspolitik im Zeichen der Riester-Rente. S. 165

das anschlossen, was die Vorgängerregierung bereits auf den Weg gebracht hatte (»demographischer Faktor«, Absenkung des Rentenniveaus für künftige Generationen) sowie eine Abwendung vom Sozialversicherungsparadigma, für welches insbesondere die Sozialdemokraten in erster Linie bislang eintraten. Mit der Hinwendung zum Mehrsäulenparadigma verwischen auch die Parteiendifferenzen zur Vorgängerregierung und zur konservativ-liberalen Opposition, welche schließlich die Riester-Rente im Bundesrat nicht scheitern ließ, obwohl es möglicherweise in ihrem politischen Interesse hätte sein können. Diese Entwicklung verweist auf eine Abschwächung der Parteiendifferenzen in diesem Politikfeld. Mit der Entwicklung einer »Angebotspolitik von links«, wie Gerhard Schröder sie im sogenannten »Schröder-Blair-Papier« ankündigte, könnten sich auch die Konfliktlinien und die Erklärungsmuster der Parteiendifferenz-Theorie auf andere Politikfelder als auf die der Wirtschafts- und Sozialpolitik verschieben.[66] Diese Frage wird auch noch einmal in Bezug auf die Arbeitsmarktpolitik der rot-grünen Regierung behandelt werden.

---

[66] vgl. Seeleib-Kaiser, Martin: Politikwechsel nach Machtwechsel? S. 17

5.   Arbeitsmarktpolitik   der   rot-grünen Regierung

Die Arbeitsmarktpolitik fällt in mehrere Phasen, die sich über beide Amtsperioden der rot-grünen Bundesregierung verteilen. In einer ersten Phase wurden Gesetze der Regierung Kohl zurückgenommen und einige eigene Akzente gesetzt. Hier folgte die zweite Phase von Stagnation in der Arbeitsmarktpolitik, welche durch eine rückläufige Arbeitslosigkeit begünstigt wurde. In einer dritten Phase zum Ende der ersten Amtsperiode von rot-grün nahmen die arbeitsmarktpolitischen Anstrengungen wieder zu.[67] Dieser Einteilung kann eine vierte Phase hinzugefügt werden, die mit dem Scheitern des Bündnisses für Arbeit in der zweiten Amtsperiode der Regierung Schröder eingeleitet wird und in der Regierungserklärung zur Agenda 2010, sowie den folgenden Reformen am Arbeitsmarkt zum Ausdruck kommt. Daß es sich dabei nicht um die schlichte Fortsetzung der dritten Phase in der Arbeitsmarktpolitik der rot-grünen Regierung handelt kommt darin zum Ausdruck, daß die Bundesregierung nach dem Scheitern des Bündnisses für Arbeit nun auf das Primat der Politik bei den Reformen setzte statt auf korporatistische Verhandlungen mit den Interessengruppen im »Bündnis für Arbeit«.

In der Arbeitsmarktpolitik der rot-grünen Regierung werden verschiedene arbeitsmarkt- und arbeitsrechtspolitische Maßnahmen betrachtet, wobei das Hauptgewicht auf die Reformen am Arbeitsmarkt, also den sogenannten »Hartz-Gesetzen« gelegt wird. Entsprechende Gesetzgebungen der rot-grünen Regierungen, die um diese Gesetze herumgruppiert sind, werden in die Betrachtung einbezogen. Auch hier wird die Frage gestellt, welche Ordnungen von Paradigmenwechsel zugrunde liegen, und wie diese Wechsel durch die Veto-Spieler-Theorie und die Parteiendifferenz-Theorie zu erklären sind.

---

[67] vgl. Blancke, Susanne und Josef Schmid: Bilanz der Bundesregierung Schröder in der Arbeitsmarktpolitik 1998-2002. S. 233f

5.1. Arbeitsmarktpolitische Maßnahmen der Regierung Schröder

Auch in der Arbeitsmarktpolitik löste die rot-grüne Regierung 1998 zunächst Wahlversprechen ein, die sie im Vorfeld der Bundestagswahl gemacht hatte. Diese drehten sich in der Arbeitsmarktpolitik zunächst um die Frage der Sozialversicherungspflicht für geringfügigen Beschäftigung, Bekämpfung der Scheinselbständigkeit, der Rücknahme der Einschränkung des Kündigungsschutzes und bei der Lohnfortzahlung im Krankheitsfall.[68]

Ab 1999 bis Anfang 2001 flauten die Reformbestrebungen der Regierung Schröder ab, zumal der Handlungsdruck durch sinkende Arbeitslosenzahlen in diesem Bereich von der Regierung genommen wurde. Die angestrebte Zielmarke, die Arbeitslosigkeit auf 3.5 Mio. Betroffene zu senken, rückte gar in greifbare Nähe.[69]

Als im Jahr 2001 die Arbeitslosigkeit wieder anstieg, führte dies zu erneuten Aktivitäten der Regierung Schröder in der Arbeitsmarktpolitik. Im Herbst 2001 wurde das Job-AQTIV-Gesetz verabschiedet, welches bereits Züge eines Wandels in der Arbeitsmarktpolitik hin zu einer angebotsorientierten Politik enthielt, jedoch weitgehend auf Verschärfungen für Arbeitslose verzichtete und statt dessen stärker auf Qualifizierung setzte.[70]

Mit dem Vermittlungsskandal bei der Bundesanstalt für Arbeit entstand ein neuer Handlungsbedarf für die rot-grüne Regierung, und Bundeskanzler Schröder setzte als Reaktion auf diesen Skandal die sogenannte »Hartz-Kommission« ein, die ihren Bericht im Sommer vor der Bundestagswahl 2002 vorlegte.[71] In diesem Bericht wurden zahlreiche Maßnahmen vorgeschlagen, die eindeutig in Richtung des »aktivierenden« Sozialstaates wiesen, darunter die Verschärfung der Zumutbarkeitskriterien bei Arbeitsangeboten. Vorgeschlagen wurde ebenfalls die Zusammenlegung von Arbeitslosen- und Sozialhilfe, sowie die Begünstigung atypischer Beschäftigungsverhältnisse wie Ich-AG und eine Ausweitung der

---

[68] vgl. ebd. S. 218
[69] vgl. ebd. S. 225
[70] vgl. ebd. S. 225ff
[71] vgl. ebd. S. 228f

Zeitarbeit.[72]

Mit dem Bericht der Hartz-Kommission und dem Versprechen der schnellen Umsetzung endete die erste Amtsperiode der rot-grünen Koalition.

Mit dem Scheitern des Bündnisses für Arbeit im Jahr 2002, welches die Regierung Schröder 1998 eingerichtet hatte, war der Kurs der Kooperation mit den Verbänden vorbei. Als Folge des Scheiterns des Bündnisses für Arbeit kündigte Bundeskanzler Schröder die Agenda 2010 als eine grundlegende Strukturreform in der Sozialpolitik an.[73] In der zweiten Amtsperiode der rot-grünen Regierung wurden im Bereich der Arbeitsmarktpolitik vor allem die Vorschläge der sogenannten »Hartz-Kommission« umgesetzt - ein Prozeß, der ausgesprochen konfliktreich verlief.

5.2. Arbeitsmarktpolitik der ersten rot-grünen Amtsperiode

Der oben bereits beschriebene Kurswechsel der rot-grünen Regierung in der zweiten Amtsperiode läßt es sinnvoll erscheinen, die Arbeitsmarktpolitik in der ersten und zweiten Amtsperiode getrennt zu behandeln.

Die erste Phase der rot-grünen Aktivitäten im Arbeitsmarkt sind vor allem von der Einlösung von Wahlversprechen geleitet. Umgehend zum 1. Januar 1999 wurden der Kündigungsschutz für Betriebe mit sechs bis zehn Mitarbeiter wiederhergestellt, sowie die Entgeltfortzahlung im Krankheitsfall wieder auf 100% angehoben, beides Maßnahmen, mit der Gesetzgebungen der Regierung Kohl revidiert wurden.[74] Weitere Maßnahmen waren in der ersten Phase die Novellierung des Entsendegesetzes für die Bauwirtschaft, sowie sozialrechtliche Regulierungen bei der Scheinselbständigkeit und der geringfügigen Beschäftigung, ebenfalls entlang der Wahlversprechen. Im Rahmen der Änderungen bei der Scheinselbständigkeit und der geringfügigen Beschäftigung, also den sogenannten »630-Mark-Jobs« ging es darum, diese Formen der Beschäftigungsverhältnisse in die Sozialversicherungspflicht

---

[72] vgl. ebd. S. 229
[73] vgl. Weßels, Bernhard: Organisierte Interessen und Rot-Grün. S. 154
[74] vgl. Rose, Edgar: Arbeitsrechtspolitik zwischen Re-Regulierung und Deregulierung. S. 111

einzubeziehen. Bei der Scheinselbständigkeit wurde die Beweislast bezüglich des Bestehens einer echten Selbständigkeit umgekehrt, bei der geringfügigen Beschäftigung mußten die Arbeitgeber 12% zur Rentenversicherung und 10% zur Krankenversicherung beitragen.[75] Zudem wurden die Einkommen aus geringfügiger Beschäftigung auf das Gesamtarbeitseinkommen angerechnet, sofern die geringfügige Beschäftigung als Nebentätigkeit neben einem Normalarbeitsverhältnis ausgeübt wurde.[76] Dies machte solche Nebentätigkeiten für Erwerbstätige unattraktiv.

Diese Änderungen im Arbeitsrecht, beziehungsweise der Arbeitsmarktpolitik lassen sich geradezu bilderbuchartig mit einem Politikwechsel nach der Parteiendifferenztheorie erklären.[77] Nach dem Regierungswechsel wurden Maßnahmen der Regierung Kohl zurückgenommen, die im Wahlkampf als unsozial bekämpft wurden, und es wurde in der Politik ein deutlicher Unterschied zur Vorgängerregierung gemacht.

In der zweiten Phase der Arbeitsmarktpolitik herrschte zunächst Zurückhaltung, zumal das Thema wegen der rückläufigen Arbeitslosigkeit als nicht mehr vordringlich betrachtet wurde.[78] Es war die Zeit, in der weitere arbeitsrechtliche Änderungen vorbereitet wurden, nachdem die ersten schnellen Maßnahmen ergriffen worden waren, zum einen um die Wahlversprechen einzulösen, zum anderen um schnelle Handlungsfähigkeit zu beweisen. Zudem fanden in dieser Zeit programmatische Auseinandersetzungen um den künftigen Kurs statt, so daß die Deutung einer Stagnation zu hinterfragen wäre.[79]

Zu den weiteren wesentlichen Gesetzesinitiativen der ersten Amtsperiode gehören im Bereich des Arbeitsrechtes das Teilzeit- und Befristungsgesetz, die Reform des Betriebsverfassungsgesetzes, welches nur der Vollständigkeit halber erwähnt werden soll, weil es keine originäre Maßnahme im Hinblick auf den Arbeits-

---

[75] vgl. ebd. S. 112f
[76] vgl. ebd.
[77] vgl. ebd. S. 121
[78] vgl. Blancke, Susanne und Josef Schmidt: Bilanz der Bundesregierung Schröder in der Arbeitsmarktpolitik 1998-2002. S. 225
[79] vgl. Heinelt, Hubert: Arbeitsmarktpolitik - von „versorgenden" wohlfahrtsstaatlichen Interventionen zur „aktivierenden" Beschäftigungsförderung. S. 143

markt ist, sowie das Job-AQTIV-Gesetz. Mit dieser Gesetzgebungsaktivität leitet die rot-grüne Regierung die dritte Phase ihrer Tätigkeit auf dem Feld der Arbeitsmarktpolitik ein.

Mit der Novelle des Teilzeit- und Befristungsgesetzes schuf die rot-grüne Regierung zum einen zum ersten Mal eine verbindliche Regelung dieser Tatbestände, zum anderen wurde im Bereich der Teilzeit erstmals ein Anspruch auf Teilzeitarbeit etabliert. Zudem wurde für Teilzeitbeschäftigte ein Vorrecht geschaffen, bei freien Vollzeitstellen bevorzugt berücksichtigt zu werden.[80] Bei der sachgrundlosen Befristung blieb die Möglichkeit erhalten, auf eine Dauer von zwei Jahren zu befristen, allerdings wurde die Möglichkeit gestrichen, nach mehreren Monaten Wartezeit erneut sachgrundlos zu befristen, und es wurde die Möglichkeit zur Verkettung unterschiedlicher Befristungen eingeschränkt.[81] Hier schlägt sich bereits das gewandelte Verständnis der Sozialdemokraten bezüglich atypischer Beschäftigungen nieder: Beschäftigungsformen wie Teilzeitarbeit wird nicht mehr als Bedrohung für das Normalarbeitsverhältnis wahrgenommen sondern als Ergänzung. In diesem Rahmen werden diese Formen der Arbeitsverhältnisse normiert und sozial abgesichert.[82]

Das Job-AQTIV-Gesetz wurde als eine Maßnahme gegen die wieder ansteigende Arbeitslosigkeit begriffen. Es enthielt durchaus Teile der Philosophie »aktivierender« Arbeitsmarktpolitik, diese jedoch noch nicht sehr ausgeprägt.[83] In erster Linie ging es um eine neue Ausrichtung der Instrumente der Arbeitsvermittlung, was somit als Wandel erster Ordnung nach Hall zu werten wäre. Dabei spielte die »Steigerung der Vermittelbarkeit von Arbeitslosen«[84] eine größere Rolle.

Mit dieser Maßnahme wäre die Arbeitsmarktpolitik der rot-grünen Regierung in der ersten Amtsperiode abgeschlossen gewesen, hätte sich am Anfang des Jahres 2002 nicht der sogenannte

---

[80] vgl. Rose, Edgar: Arbeitsrechtspolitik zwischen Re-Regulierung und Deregulierung. S. 114f
[81] vgl. ebd.
[82] vgl. Gohr, Antonia: Auf dem „dritten Weg" in den „aktivierenden Sozialstaat"? S. 43
[83] vgl. Heinelt, Hubert: Arbeitsmarktpolitik - von „versorgenden" wohlfahrtsstaatlichen Interventionen zur „aktivierenden" Beschäftigungsförderung. S. 134f
[84] ebd. S. 134

»Vermittlungsskandal« bei der Bundesanstalt für Arbeit ereignet, in dessen Rahmen der Bundesrechnungshof Unregelmäßigkeiten bei den Angaben über die vermittelten Arbeitslosen festgestellt hatte. Als Sofortmaßnahme setzte die Bundesregierung einen ersten Umbau der Bundesanstalt für Arbeit in Gang, in dessen Rahmen privatwirtschaftliche Führungsstrukturen nach den Ideen des New Public Management auf die Bundesanstalt zu übertragen. Zum Zweiten wurde die Kommission »Moderne Dienstleistungen am Arbeitsmarkt«, die in den Medien nach ihrem Vorsitzenden als »Hartz-Kommission« bezeichnet wurde,[85] eingerichtet.

Der Bericht der »Hartz-Kommission« fiel noch in die laufende 14. Wahlperiode und wurde wenige Monate vor der Bundestagswahl im Sommer 2002 von Bundeskanzler Gerhard Schröder und dem Vorsitzenden der Kommission, Peter Hartz, der Öffentlichkeit vorgestellt. Bundeskanzler Schröder kündigte die zügige Umsetzung der Ergebnisse dieser Kommission an, die sich sowohl auf die Organisation der Bundesanstalt für Arbeit bezogen, als auch auf die Instrumente, die künftig auf dem Arbeitsmarkt zur Anwendung kommen sollten.[86] Diese würden jedoch erst nach der Bundestagswahl stattfinden können, zumal diese nun unmittelbar bevorstand.

5.3. Akteure in der Arbeitsmarktpolitik der 14. Wahlperiode

In der Arbeitsmarktpolitik hängt es von den einzelnen Entscheidungen ab, welche Akteure eine Rolle spielen. Bei Änderungen des Arbeitsrechtes kann die Bundestagsmehrheit weitgehend ungestört von anderen Akteuren Akzente setzen, denn in den meisten Fällen muß der Bundesrat den Gesetzen nicht zustimmen.[87] An den durch die rot-grüne Regierung durchgesetzten Gesetze wurde immer wieder Kritik durch die Oppositionsparteien oder betroffene Interessenverbände geübt,[88] Akteure, die jedoch den Gesetzgebungsvorgang wie bei der Durchsetzung der sogenannten »Riester-Rente« hätten aufhalten können, gab es auf

---

[85] vgl. ebd. S. 135f
[86] vgl. ebd. S. 136
[87] vgl. Rose, Edgar: Arbeitsrechtspolitik zwischen Re-Regulierung und Deregulierung. S. 122
[88] vgl. ebd. S. 115ff

diesem Politikfeld in der ersten Wahlperiode kaum. Verschiedene Modifikationen an den Gesetzesvorhaben erfolgten im wesentlichen wegen öffentlicher Kritik als aufgrund originärer Veto-Spieler im parlamentarischen System. Dies sollte sich bei der späteren Durchsetzung der sogenannten »Hartz-Reformen« in der zweiten Amtsperiode der rot-grünen Regierung ändern.

5.4. Arbeitsmarktpolitik in der zweiten rot-grünen Amtsperiode

Nach dem Scheitern des Bündnisses für Arbeit hielt Bundeskanzler Schröder im März 2003 seine Regierungserklärung unter der Überschrift Agenda 2010. In ihr wurden weitreichende Reformen angekündigt, unter ihnen die Umsetzung der Vorschläge der »Hartz-Kommission«.

Die Einsetzung der Kommission »Moderne Dienstleistungen am Arbeitsmarkt« war eine kurzfristige Reaktion auf den sogenannten »Vermittlungsskandal«.[89] Die Kommission trat auf Einladung des Bundeskanzlers zusammen und bestand aus Vertretern der Wirtschaft, der Wissenschaft, der Verbände und des öffentlichen Sektors. Sie wurde geleitet vom VW-Personalvorstand Peter Hartz.[90]

In der Kommission wurden die entsprechenden Vorschläge, die später der Öffentlichkeit vorgestellt wurden, erarbeitet - weitgehend ohne Einfluß des Arbeitsministeriums. Bei diesem sei der Köcher nach dem Job-AQTIV-Gesetz leer gewesen, so daß die einzige politische Vorgabe für die »Hartz-Kommission« ein Konzept für die Zusammenlegung von Arbeitslosen- und Sozialhilfe war.[91] Hier sollte »die Kommission nur Legitimierungsfunktion für eine bereits gefällte Entscheidung«[92] übernehmen.

Die Gesetzgebung, die in der 15. Wahlperiode auf der Grundlage des Berichtes der »Hartz-Kommission« stattfand, gliederte sich in vier Gesetze auf: Mit »Hartz I« wurden die sogenannten »Personalserviceagenturen« flächendeckend eingeführt, die Arbeitnehmerüberlassung reformiert, Änderungen im Leistungsrecht vorge-

---

[89] vgl. Siefken, Sven T.: Die Arbeit der sogenannten Hartz-Kommission und ihre Rolle im politischen Prozeß. S. 375
[90] vgl. Pilz, Frank: Der Sozialstaat. S. 151
[91] vgl. Siefken, Sven T.: Die Arbeit der sogenannten Hartz-Kommission und ihre Rolle im politischen Prozeß. S. 382
[92] ebd.

nommen und Bildungsgutscheine eingeführt.[93]

»Hartz II« führte die »Ich-AG« ein, reformierte die geringfügige Beschäftigung, änderte Details im Leistungsrecht und bereitete den Umbau der Bundesanstalt für Arbeit vor, die mit diesem Gesetz in »Bundesagentur für Arbeit« umbenannt wurde.[94]

»Hartz III« regelte die Reform der Bundesagentur für Arbeit und nahm Änderungen bei der Altersteilzeit vor.[95] »Hartz IV«, als das wohl in der Öffentlichkeit am stärksten beachtete Gesetz regelte die Zusammenlegung von Arbeitslosen- und Sozialhilfe.[96]

Hinzu kam die Verschärfung der Zumutbarkeitskriterien, also der Anforderung an die Arbeitslosen, eine angebotene Arbeit aufzunehmen, sowie die Beweislastumkehr. Künftig mußten die Arbeitslosen jeden angebotenen Job annehmen, auch wenn es sich um einen Mini-Job oder eine Teilzeitstelle handelte: Jede legale Arbeit galt als zumutbar. Während zuvor die Arbeitsämter beweisen mußten, daß die Arbeit zumutbar war, müssen nun im Zuge der Beweislastumkehr die Arbeitslosen beweisen, daß eine angebotene Arbeit nicht zumutbar ist.[97] Diese Verschärfung wurde mit Sanktionsmöglichkeiten ausgestattet, nach der dem Arbeitslosen bei Verweigerung einer als zumutbar geltenden Arbeit die Unterstützung stufenweise bis zum völligen Entzug aller Leistungen bis hin zu den Kosten für die Unterkunft gestrichen werden konnte.[98]

Im Rahmen der Neuorientierung der Arbeitsvermittlung sollten nun Eingliederungsvereinbarungen zwischen dem Arbeitslosen und dem Arbeitsvermittler getroffen werden, in dessen Rahmen auch ein sogenanntes »Profiling«, also die Erforschung der Eignungen des Arbeitslosen, stattfindet. Im Rahmen dieser Eingliederungsvereinbarung wird festgelegt, welche Eigenanstrengungen der Arbeitslose zu leisten hat, und welche Eingliederungsmaßnahmen ihm zustehen. Während die Pflichten des Arbeitslosen bei

---

[93] vgl. Schmid, Josef: Arbeitsmarkt- und Beschäftigungspolitik - große Reform mit kleiner Wirkung? S. 279
[94] vgl. ebd. S. 279f
[95] vgl. ebd. S. 280
[96] vgl. ebd.
[97] vgl. Pilz, Frank: Der Sozialstaat. S. 214f
[98] Oschmiansky, Frank, Andreas Maurer und Karin Schulze Buschhoff: Arbeitsmarktreformen in Deutschland. S. 294

deren Nichtbeachtung sanktioniert werden können, steht ihm kein Rechtsanspruch auf ausreichende Eingliederungsleistungen zu.[99]

Eine weitere wesentliche Änderung, die mit der Umsetzung der Vorschläge der sogenannten »Hartz-Kommission« umgesetzt wurde, war die Einrichtung von Job-Centern, die die Arbeitsämter vor Ort ersetzen sollten. Hier ging es nicht nur um die Schaffung eines neuen Namens, sondern in den Centern wurden weitere Leistungen aus einer Hand gewährt, bei denen das bislang nicht der Fall war, wie zum Beispiel Jugendamt oder Sucht- und Schuldnerberatung.[100]

Durch die Zusammenlegung von Arbeitslosen- und Sozialhilfe verschlechterte sich für die bisherigen Empfänger von Arbeitslosenhilfe indes die finanzielle Situation deutlich: Die Zusammenlegung erfolgte auf dem niedrigeren Niveau der Sozialhilfe und brachte mit sich, daß nun das Vermögen weitgehend erst verbraucht werden mußte, bis der Betroffene das Arbeitslosengeld II beziehen konnte. Während sich die Arbeitslosenhilfe in ihrer Höhe noch am vorherigen Einkommen orientierte,[101] war der Satz für das neue Arbeitslosengeld einheitlich. Die bisherigen erwerbsfähigen Empfänger der Sozialhilfe profitierten insofern von der Zusammenlegung, als daß sie nun Anspruch auf Vermittlungsleistungen der Arbeitsagentur hatten, was zuvor nicht der Fall war.[102]

5.5. Akteure in der Arbeitsmarktpolitik der 15. Wahlperiode

Die von der Regierung Schröder in der 15. Wahlperiode angestrebten Reformen am Arbeitsmarkt berührten umfassende Zuständigkeiten auch der Bundesländer. Dies löste für einen großen Teil der Gesetzgebung die Zustimmungspflichtigkeit durch den Bundesrat aus, in dem die rot-grüne Regierung auch in ihrer zweiten Amtsperiode über keine Mehrheit verfügte. Hinzu kam, daß sich die Diskussion um den sozialpolitischen Kurs innerhalb der SPD mit der Ankündigung der Agenda 2010 durch den Bun-

---

[99] vgl. ebd. S. 293
[100] vgl. Blancke, Susanne und Josef Schmid: Bilanz der Bundesergierung Schröder in der Arbeitsmarktpolitik 1998-2002. S. 229
[101] vgl. Ludwig-Mayerhofer, Wolfgang: Activating Germany. S. 100
[102] vgl. Pilz, Frank: Der Sozialstaat. S. 224f

deskanzler erneut verschärfte und letztlich in der Abspaltung der »Wahlalternative Arbeit und soziale Gerechtigkeit« und der Gründung dieses zunächst als Verein organisierten Zusammenschlusses zahlreicher Kritiker des neuen sozialpolitischen Kurses der SPD zu einer neuen Partei gipfelte.[103]

Die Bundesregierung spaltete die Gesetze zur Umsetzung der Vorschläge der »Hartz-Kommission« in zwei zustimmungsfreie (»Hartz I« und »Hartz III«) und zwei zustimmungspflichtige (»Hartz II« und »Hartz IV«) Gesetze auf.[104]

Im Rahmen der Verhandlungen um diese Gesetze zeigte sich, daß hier erhebliche Widerstände nicht nur durch den Bundesrat, sondern auch innerhalb der eigenen Partei überwunden werden mußten, zumal durch die knappe Mehrheit der rot-grünen Koalition im Bundestag die parteiinternen Vetospieler eine größere Bedeutung hatten.[105]

5.6. Paradigmenwechsel in der ersten rot-grünen Amtsperiode

Bereits in der ersten Amtsperiode der rot-grünen Koalition zeichnete sich mit der Veröffentlichung des sogenannten »Schröder-Blair-Papiers« zumindest in Teilen der SPD ein Wille zu einer Neudefinition der Programmatik der Partei ab. Diese Diskussion wurde im Verlauf der ersten Wahlperiode innerhalb der Partei intensiv geführt, wirkte sich aber nur abgeschwächt auf die Politikformulierung und erst gegen Ende der ersten Amtsperiode der Regierung Schröder aus.

Zu Beginn der Amtszeit der rot-grünen Koalition stand zunächst die Einlösung der Wahlversprechen insbesondere im sozialpolitischen Bereich. Hier wurden politisch unerwünschte Maßnahmen der Regierung Kohl zügig zurückgenommen.

Die Frage, inwieweit hierin ein Paradigmenwechsel zum Ausdruck kommt, kann nur im Bezug auf die Vorgängerregierung beantwortet werden. Tatsächlich fanden hier ein Wandel der er-

---

[103] vgl. Meyer, Thomas: Die blockierte Partei - Regierungspraxis und Programmdiskussion in der SPD 2002-2005. S. 95f
[104] vgl. Schmid, Josef: Arbeitsmarkt- und Beschäftigungspolitik - große Reform mit kleiner Wirkung? S. 282
[105] vgl. Pilz, Frank: Der Sozialstaat. S. 231

sten Ordnung statt: Verschiedene Politikinstrumente wurden neu eingestellt: Der Kündigungsschutz wurde wiederhergestellt, die Lohnfortzahlung im Krankheitsfall wieder auf 100% aufgestockt. Zudem veränderte die rot-grüne Regierung die Bestimmungen zur Scheinselbständigkeit und zur geringfügigen Beschäftigung, jedoch ohne diese komplett abzuschaffen.[106]

Zu Beginn der Amtszeit der rot-grünen Regierung ging es somit zunächst darum, Akzente zu setzen und Wahlversprechen einzulösen, die im Rahmen von Wandel erster Ordnung möglich waren.

In einer zweiten Phase der ersten Amtsperiode wurden die innerparteilichen Auseinandersetzung um die zukünftige Ausrichtung insbesondere in der Sozial- und Wirtschaftspolitik ausgetragen. Dabei ging es nicht nur um die Instrumente dieser Politikfelder, also einen Wandel zweiter Ordnung, sondern es ging um die Zielhierarchie der Sozialdemokratie und damit um einen Wandel dritter Ordnung, also einen Paradigmenwechsel.[107] In der Öffentlichkeit wurde diese Auseinandersetzung als die Debatte zwischen den sogenannten »Traditionalisten« und den sogenannten »Modernisierern« in der Partei ausgetragen, wenngleich die Binnendifferenzierung innerhalb der SPD doch komplexer war.[108] Politisch drehte sich der Konflikt um einen Paradigmenwechsel weg von einer nachfrageorientierten, auf Re-Regulierung bezogenen, Politik hin zu einer von Schröder so genannten »Angebotspolitik von links«.[109]

Parallel zu dieser Debatte setzte sich die Politikformulierung in der rot-grünen Regierung fort. Die Novellierung des Teilzeit- und Befristungsgesetzes durch die rot-grüne Koalition bildet hierbei einen interessanten Fall.

Im Rahmen der Novellierung des Teilzeit- und Befristungsgesetzes wurden zahlreiche Regelungen geschaffen, die die vorhandenen Möglichkeiten kodifzierten und damit Rechtsklarheit in einem

---

[106] vgl. Blancke, Susanne und Josef Schmid: Bilanz der Bundesregierung Schröder in der Arbeitsmarktpolitik 1998-2002. S. 218
[107] vgl. Egle, Christoph und Christian Henkes: Später Sieg der Modernisierer über die Traditionalisten? S. 77
[108] vgl. ebd. S. 70
[109] vgl. ebd.

weitgehend deregulierten Bereich verschafften.[110] Die sachgrund-
lose Befristung wurde zwar nicht abgeschafft, jedoch wurde die
Kettenbefristung beschränkt. Dem Teilzeitrecht wurde der Anspruch der Beschäftigten auf geringere Arbeitszeit hinzugefügt,
sowie das Recht auf bevorzugte Berücksichtigung eines Teilzeit-
beschäftigten, wenn eine Vollzeitstelle frei wird.[111] Mit dem Anspruch auf Teilzeit kann davon gesprochen werden, daß ein neues
Instrument eingeführt wurde. Bei der Novellierung des Teilzeit-
und Befristungsgesetzes wurden somit im Hinblick auf die Vorgängerregierung ein Wandel erster Ordnung vollzogen, weil hier
nur die Einstellungen der policy-Instrumente vorgenommen
wurde.

Damit fällt der Blick nun auf den Wandel hinsichtlich der programmatischen Ausrichtung wiederum in erster Linie der SPD.
Hier ist bemerkenswert, daß bislang grundsätzlich jede Beschäftigungsform außerhalb einer sozialversicherten Vollzeitbeschäfti-
gung als Bedrohung abgelehnt wurde. Das grundsätzliche Poli-
tikinstrument, welches hier zum Einsatz kommt, ist die Re-Regulierung, wenn auch in moderater Form,[112] welche von der rot-
grünen Regierung auf diesem Politikfeld zu erwarten war. Jedoch
zeigt sich hier bereits eine Akzeptanz andersförmiger Beschäftigungsverhältnisse, welche von der Sozialdemokratie bisher abgelehnt wurde. Hier wird nicht nur die Teilzeit akzeptiert sondern
auch gestaltet. Es deutet sich also ein vorsichtiger Wandel dritter
Ordnung in diesem Bereich an, jedoch nur ein sehr vorsichtiger.

Das letzte Gesetzesvorhaben der ersten Amtsperiode der rot-grünen Koalition war das Job-AQTIV-Gesetz. »Ziel dieser Geset-
zesinitiative war es, die Effektivität der Arbeitsvermittlung durch
eine höhere »Passgenauigkeit« der Vermittlungsaktivitäten zu
steigern sowie die berufliche Qualifizierung zu stärken und be-
triebsnäher auszugestalten«.[113] Bereits mit diesem Gesetz wurden
das »Profiling« und die Eingliederungsvereinbarungen eingeführt

---

[110] vgl. Rose, Edgar: Arbeitsmarktpolitik zwischen Re-Regulierung und Deregulierung. S. 114
[111] vgl. ebd. S. 114f
[112] vgl. ebd. S. 115
[113] Heinelt, Hubert: Arbeitsmarktpolitik - von „versorgenden" wohlfahrtsstaatlichen Interventionen zur „aktivierenden" Beschäftigungsförderung. S. 133

und die Zeitarbeit erleichtert.[114] Insofern zeichnet sich hier schon eine deutliche Bewegung in Richtung »aktivierende« Sozialpolitik ab. »Aktivierung« sollte positiv mit Befähigung und Eigeninitiative belegt werden statt negativ mit Zwang und Kontrolle.[115] Insofern geht letztlich das Job-AQTIV-Gesetz über die Neuausrichtung arbeitsmarktpolitischer Instrumente,[116] was ein Wandel erster Ordnung wäre, hinaus und deutet bereits einen Wandel dritter Ordnung an, jedoch zunächst auch eher vorsichtig, wie bereits bei der Novelle des Teilzeit- und Befristungsgesetzes.

Beide wesentlichen arbeitsmarktpolitischen Gesetze deuten bereits den Wandel dritter Ordnung an, zum einen in Bezug auf die bisherige Arbeitsmarktpolitik in der Bundesrepublik, zum anderen in Bezug auf die bisherige Sozialpolitik insbesondere der Sozialdemokraten. Diese vorsichtigen Schritte dürften sich mit der laufenden Programmdiskussion innerhalb der SPD erklären lassen, zumal mit dem »Schröder-Blair-Papier« in der Partei ohnehin bereits Unmut darüber bestand, daß diese programmatische Debatte von »oben« aufgedrückt wurde, also durch die Parteiführung der Basis aufgedrängt wurde.[117]

Nach dem sogenannten »Vermittlungsskandal« wurde der Umbau der Bundesanstalt für Arbeit eingeleitet und die »Hartz-Kommission« eingesetzt. Noch vor Ende der ersten Amtsperiode der rot-grünen Regierung wurde die erste »PersonalServiceAgentur« eingerichtet, eine Maßnahme, die im Bericht der Kommission vorgeschlagen worden war.[118] Die wesentlichen Maßnahmen, die sich aus diesem Bericht ergaben, wurden jedoch erst in der folgenden Wahlperiode umgesetzt.

Im Hinblick auf die erste Wahlperiode läßt sich somit sagen, daß im Rahmen der Arbeitsmarktpolitik die Wandel erster und zweiter Ordnung überwogen, ein Wandel dritter Ordnung sich allenfalls vorsichtig abzeichnete. Einen so klaren Paradigmenwechsel wie

---

[114] vgl. ebd. S. 134
[115] vgl. ebd. S. 135
[116] vgl. ebd. S. 133
[117] vgl. Egle, Christoph und Christian Henkes: Später Sieg der Modernisierer über die Traditionalisten? S. 77
[118] vgl. Blancke, Susanne und Josef Schmid: Bilanz der Bundesregierung Schröder in der Arbeitsmarktpolitik 1998-2002. S. 229

in der Rentenpolitik vollzog die rot-grüne Regierung im Rahmen der Arbeitsmarktpolitik in der ersten Amtsperiode nicht.

5.7. Parteiendifferenz und Vetospieler in der ersten Amtsperiode

Die Arbeitsmarktpolitik der rot-grünen Regierung in der ersten Amtsperiode war weitgehend Bundesgesetzgebung, die die Belange der Länder nicht tangiert hat. Insofern wurde für die Gesetze auch keine Zustimmungspflicht durch den Bundesrat ausgelöst. Damit entfällt der Bundesrat als institutioneller Vetospieler,[119] und der Blick richtet sich auf die Regierungsparteien und hier insbesondere auf die SPD.

Bei den ersten Maßnahmen nach der Bundestagswahl handelte es sich um die schnelle Einlösung von Wahlversprechen, die nicht der Zustimmung durch den Bundesrat bedurften, und die innerhalb der Regierungskoalition und den sie tragenden Parteien weitgehend unumstritten waren. Somit waren hier keine Vetos zu erwarten. Statt dessen verlief diese Phase der Entscheidungen geradezu klassisch nach den Annahmen der Parteiendifferenztheorie ab: Entscheidungen im Bereich der Sozialpolitik wurden gefällt, die sich deutlich von der Vorgängerregierung absetzten, indem sie deren Entscheidungen zurücknahmen und einen durch die neue Regierung politisch erwünschten Zustand herstellten.[120]

In der Folgezeit wurde innerhalb der SPD, ausgelöst durch das »Schröder-Blair-Papier« kontrovers um den künftigen Kurs der Partei in der Sozialpolitik gerungen. Hier kommen parteiinterne Vetospieler zum Tragen, insbesondere jene, die auch ein Mandat im Bundestag haben, und deren Zustimmung für die Verabschiedung von Gesetzen notwendig ist. Diese versuchten, die Bestrebungen der sogenannten »Modernisierer« hin zu einer Politik des »Dritten Weges« dämpften.[121]

Parallel hierzu fanden weitere Schritte der Re-Regulierung im Arbeitsrecht statt, die sich ebenfalls mit der Parteiendifferenztheo-

---

[119] vgl. Merkel, Wolfgang: Institutionen und Reformpolitik. S. 180
[120] vgl. Rose, Edgar: Arbeitsrechtspolitik zwischen Re-Regulierung und Deregulierung. S. 121
[121] vgl. Blancke, Susanne und Josef Schmid: Bilanz der Bundesregierung Schröder in der Arbeitsmarktpolitik 1998-2002. S. 233

rie erklären lassen: Arbeitsmarktregulierung ist nach diesen Annahmen eher die Domäne sozialdemokratischer Regierungen, während konservativ-liberale Regierungen eher auf die Inflationsbekämpfung setzen.[122] Festzustellen ist auch, daß gerade im Bereich der Teilzeit und Befristung die konservativ-libearle Regierung Kohl auf Deregulierung, beziehungsweise auf Nichtregulierung gesetzt hat, während die rot-grüne Regierung diesen Bereich kodifizierte.[123] Auch die Reform des Betriebsverfassungsgesetzes, welches bei den Betrachtungen der rot-grünen Arbeitsmarktpolitik keine Rolle spielt, aber nicht unerwähnt bleiben soll, ist ein klassisches Beispiel für Parteiendifferenz: Eine solche Reform wäre unter einer konservativ-liberalen Regierung nicht denkbar gewesen.

Auch im Rahmen des Job-AQTIV-Gesetzes wurde eher auf Regulierung gesetzt als auf marktförmige Lösungen, wenngleich sich auch hier im Hinblick auf die Programmatik der SPD ein Paradigmenwechsel andeute. Grundsätzlich jedoch wird auch hier stärker auf (vorsichtige) Regulierung als auf Markt gesetzt, was sich wiederum mit der Parteiendifferenztheorie erklären läßt.[124]

Zusammenfassend läßt sich für die erste Amtsperiode sagen, daß im Rahmen der Arbeitsmarktpolitik institutionelle Vetospieler im Gegensatz zur Rentenpolitik keine Rolle spielten, indes im Rahmen der parteiinternen Diskussion um die Zukunft der Sozialpolitik der SPD deutlichere Schritte in Richtung einer »aktivierenden« Arbeitsmarktpolitik durch parteiinterne Vetopositionen gebremst wurden.[125] Dieser Umstand ist geeignet, die Vetospieler-Theorie heranzuziehen, um den zwar angestrebten aber abgeschwächten Paradigmenwechsel in der Arbeitsmarktpolitik zu erklären.

5.8. Paradigmenwechsel in der zweiten rot-grünen Amtsperiode

Das wesentliche sozial- und arbeitsmarktpolitische Projekt der rot-grünen Regierung sollte die Agenda 2010 werden, die Bundeskanzler Schröder nach dem Scheitern des Bündnisses für Ar-

---

[122] vgl. Seeleib-Kaiser, Martin: Politikwechsel nach Machtwechsel? S. 14
[123] vgl. Rose, Edgar: Arbeitsrechtspolitik zwischen Re-Regulierung und Deregulierung. S. 114
[124] vgl. ebd. S. 121f
[125] vgl. Merkel, Wolfgang: Institutionen und Reformpolitik. S. 181f

beit im Rahmen einer Regierungserklärung im Bundestag verkündete. Wie schon das »Schröder-Blair-Papier« zogen die Ankündigungen des Bundeskanzlers auch innerparteilich scharfe Kritik nach sich.

Die Entscheidungen im Rahmen der Umsetzung der Vorschläge der sogenannten »Hartz-Kommission« variieren in ihren Ausmaßen zwischen den verschiedenen Ordnungen des Wandels. Werden die Reformen am Arbeitsmarkt, also die Gesetzespakete »Hartz I« bis »Hartz IV«, als Ganzes in den Blick genommen, so ist von einem Wandel dritter Ordnung, also einem Paradigmenwechsel zu sprechen.

Weil die Konzeption des politischen Wandels nach Peter Hall kumulativ aufgebaut ist, also ein Wandel zweiter Ordnung auch einen Wandel erster Ordnung, sowie ein Wandel dritter Ordnung auch die beiden anderen Stufen umfaßt,[126] überrascht es nicht, daß in den Details des Gesetzespaktes zur Reform des Arbeitsmarktes und seiner Instrumente Wandel der verschiedenen Stufen enthalten sind.

Die Arbeitsmarktreform nach »Hartz VI« ist als ein Wandel dritter Ordnung zu werten, weil sich die Zielhierarchie in Richtung des »aktivierenden« Sozialstaates ändert.[127]

Besonders deutlich ist dies im Bereich der Zusammenlegung von Arbeitslosen- und Sozialhilfe. Die Arbeitslosenhilfe orientierte sich in ihrer Höhe noch an dem zuvor empfangenen Lohn,[128] während das Arbeitslosengeld eine Leistung aus Beiträgen zur Arbeitslosenversicherung war. Das neue Arbeitslosengeld II, welches die Arbeitslosen- und Sozialhilfe auf dem niedrigeren Niveau der Sozialhilfe zusammenführte, ist eine bedarfsgeprüfte Leistung, die sich von den Voraussetzungen an der alten Sozialhilfe orientiert. Sie bedeutet damit eine Verschlechterung für jene, die zuvor Arbeitslosenhilfe empfangen haben. Damit wurde der Übergang vom »Kurzzeitarbeitslosen« zum »Langzeitarbeitslosen« deutlich härter, weil sich die neue Leistung, also Arbeitslosengeld II, nicht mehr an den zuvor bezogenen Lohn orien-

---

[126] vgl. Leisering, Lutz: Die Reform der Sozialhilfe 1990-2005. MS
[127] vgl. ebd.
[128] vgl. Ludwig-Mayerhofer, Wolfgang: Activating Germany. S. 100

tierte.[129]

Die Verschärfung der Kriterien der Zumutbarkeit zur Aufnahme einer angebotenen Arbeit ist ein Wandel erster Ordnung,[130] der jedoch insofern zum Wandel dritter Ordnung des gesamten Gesetzesvorhabens beiträgt, als auch hier eine Änderung der Hierarchie der politischen Ziele stattfand.

 In den alten Regelungen zur Zumutbarkeit war ein temporärer Qualifikationsschutz eingebaut, der sicherstellen sollte, daß der Arbeitslose in ein Beschäftigungsverhältnis kommt, welches seiner bisherigen Qualifikation zumindest ungefähr entsprach: In einer Zumutbarkeitsordnung war jede Beschäftigung fünf Qualifikationsstufen zugeordnet, in deren Rahmen der Arbeitslose jeweils nach Ablauf von vier Monaten eine Qualifikationsstufe nach unten verwiesen wurde. Noch zu Zeiten der Regierung Kohl wurde diese Regelung dergestalt geändert, daß nunmehr nach sechsmonatiger Arbeitslosigkeit jede Arbeit zumutbar war, deren Entgelt das Arbeitslosengeld nicht unterschritt.[131]

Mit der Reform entsprechend der Vorschläge der »Hartz-Kommission« war nun jede legale Arbeit zumutbar bei jedem Einkommen, also auch zum Beispiel Mini-Jobs. Das Ziel, Arbeitslose in sozial abgesicherte Arbeitsverhältnisse zu vermitteln wird zugunsten einer Strategie der schnellen Vermittlung in den ersten Arbeitsmarkt und hierbei eines Ausbaus des Niedriglohnsektors aufgegeben.[132]

Berücksichtigte die alte Arbeitslosenhilfe noch die bisherige Qualifikation in der Hinsicht, daß Arbeit, deren Lohn unterhalb des Arbeitslosenhilfeniveaus als unzumutbar abgelehnt werden konnte, wird diese Berücksichtigung der bisherigen beruflichen Karriere mit dem Arbeitslosengeld II vollständig gestrichen, und der Arbeitslose kann gezwungen sein, beruflich von vorne anzufangen.[133]

Hinzu kam bei der Verschärfung der Zumutbarkeitskriterien, daß

---

[129] vgl. ebd. S. 104
[130] vgl. Leisering, Lutz: Die Reform der Sozialhilfe 1990-2005. MS.
[131] vgl. Pilz, Frank: Der Sozialstaat. S. 138
[132] vgl. Oschmiansky, Frank u.a.: Arbeitsmarktreformen in Deutschland. S. 294f
[133] vgl. Ludwig-Mayerhofer, Wolfgang: Activating Germany. S. 104f

nun auch ein Umzug als zumutbar gilt, wenn nicht zu erwarten ist, daß der Arbeitslose innerhalb von drei Monaten in der Region Arbeit finden wird. Hiervon betroffen sind in erster Linie arbeitslose Singles. Bei familiären Bindungen besteht der Umzugszwang nicht, wobei allerdings der Begriff der »familiären Bindungen« nicht näher definiert ist und den Arbeitsagenturen damit ein großer Ermessensspielraum bleibt.[134]

Die Perspektive auf die Ursachen der Arbeitslosigkeit änderte sich somit auch: Nicht mehr der Umstand, daß auf dem Arbeitsmarkt zu wenig freie Stellen vorhanden waren, sondern die vermeintliche Unwilligkeit oder die mangelnde Qualifikation der Arbeitslosen, eine Arbeit aufzunehmen, rückte ins Zentrum der Maßnahmen.[135] Zwar zeigte sich für die Jahre 2003 und 2004, daß zwar 4.1 und 4.2 Millionen Menschen arbeitslos wurden, auf der anderen Seite jedoch auch 3.6. und 3.3 Millionen Menschen aus der Arbeitslosigkeit wieder in reguläre Arbeit kamen, weitere in Weiterbildungs- oder Arbeitsmarktmaßnahmen.[136] Insofern dürfte die Vermutung, daß es nur an Arbeitsanreizen fehlte, die Situation in Deutschland nicht in vollem Umfang zutreffend beschreiben.

Im Rahmen der Neuregelungen zur »geringfügigen« Beschäftigung kann indes von einem Wandel erster Ordnung gesprochen werden, denn hier wird das Instrument lediglich neu justiert: Die Regelungen, die die rot-grüne Regierung im Jahr 1999 bezüglich dieser Beschäftigungsform eingeführt hat, werden weitgehend rückgängig gemacht. Die Entgeltgrenze wird auf € 400,- heraufgesetzt, der pauschalierte Anteil, den die Arbeitgeber zu entrichten haben, wird auf 25% festgesetzt, beziehungsweise auf 12%, wenn der nun so genannte »Mini-Job« als haushaltsnahe Dienstleistung ausgeübt wird. Hiervon werden Anteile an die Renten- und an die Krankenkasse abgeführt, beziehungsweise ein kleiner Anteil als Steuer an den Staat.[137] Ein Wandel zweiter Ordnung stellt indes die Einführung der sogenannten »Midi-Jobs« dar. Hier wird eine Gleitzone im Bereich von € 401,- bis 800,- geschaffen, in der der Arbeitgeber die üblichen Sozialabgaben zahlt, während

---

[134] vgl. Pilz, Frank: Der Sozialstaat. S. 162
[135] vgl. Ludwig-Mayerhofer, Wolfgang: Activating Germany. S. 107f
[136] vgl. ebd. S. 101
[137] vgl. Pilz, Frank: Der Sozialstaat. S. 164

für den Arbeitnehmer in dieser Gleitzone die Beiträge von 4% bis 21% abhängig von der Höhe des Einkommens steigen.[138]

Zeigten sich in der ersten Amtsperiode der rot-grünen Regierung vorsichtige Ansätze eines Paradigmenwechsels, so wurde dieser Paradigmenwechsel in der zweiten Amtsperiode vollzogen. Dabei bezieht sich der Paradigmenwechsel sowohl im Hinblick auf den bisherigen Pfad in der Arbeitsmarktpolitik und damit auch im Hinblick auf die Vorgängerregierung, als auch in Hinblick auf die bisherige Programmatik der Sozialdemokraten. Damit fand in der zweiten Amtsperiode der rot-grünen Regierung im Bereich der Arbeitsmarktpolitik der Paradigmenwechsel statt, der im Bereich der Rentenpolitik bereits in der ersten Amtsperiode durchgeführt wurde.

5.9. Parteiendifferenz und Vetospieler in der zweiten Amtsperiode

In der zweiten Amtsperiode der rot-grünen Bundesregierung kommt der Bundesrat bei der Gesetzgebung in der Arbeitsmarktpolitik wieder stärker zum Zuge. Ein erheblicher Teil der Einzelgesetze zu den Reformen am Arbeitsmarkt sind Zustimmungsgesetze, wodurch dem Bundesrat eine starke Veto-Position zuwächst. Hinzu kommt, daß im Laufe der 15. Wahlperiode insbesondere die SPD bei den Landtagswahlen starke Verluste einstecken mußte, und die Mehrheitsverhältnisse im Bundesrat sich weiter zuungunsten der rot-grünen Regierung verschoben.[139]

Auch innerparteilich wurde die Diskussion um den sozialpolitischen Kurs der SPD fortgesetzt. Innerhalb der Partei formierte sich Widerstand gegen die Agenda 2010 des Bundeskanzlers. Insofern war für die bevorstehenden Verhandlungen zu den Gesetzen zur Umsetzung der Vorschläge der sogenannten »Hartz-Kommission« mit vielen Widerständen zu rechnen, die einen Paradigmenwechsel zunächst unwahrscheinlich erscheinen ließen.

Zieht man die Vetospieler-Theorie heran zeigen sich als Vetospieler die Koalitionsparteien und der Bundesrat. Die interne

---

[138] vgl. ebd.
[139] vgl. Zohlnhöfer, Reimut: Zwischen Kooperation und Verweigerung: Die Entwicklung des Parteienwettbewerbs 2002-2005. S. 137ff

Kohäsion innerhalb der Koalitionsparteien war durch die innerparteilichen Auseinandersetzung der SPD geschwächt, in der die Parteilinke, die auch im Bundestag stark vertreten war, als parteiinterner Vetospieler in Erscheinung trat.[140] Die Oppositionsparteien im Bundesrat indes teilten zwar im Wesentlichen die Richtung der Reformen, kritisierten aber deren Umsetzung und deren mangelnde Reichweite.[141] So gab es grundsätzlich also eine Chance für die Reform, verbunden jedoch mit hohen Unsicherheiten im Aushandlungsprozeß.

Denn auch die CDU stand hier vor einem wesentlichen Dilemma: Auf der einen Seite konnte sie durch Kooperation mit der Regierung ihre eigene Regierungsfähigkeit unter Beweis stellen, auf der anderen Seite konnten im Falle des Erfolges der Maßnahmen diese von der Regierung beansprucht werden, während die Opposition außen vor blieb.[142] Des weiteren hatte die CDU als Oppositionspartei ein Interesse daran, die Regierung in ihren Reformbemühungen zu blockieren, um sie als Handlungsunfähig darzustellen, was allerdings wiederum das Risiko barg, daß die CDU in der Öffentlichkeit als Blockierer der notwendigen Lösungen angesehen wurde, was der Partei bei Wahlen wiederum schaden konnte.[143] Eine weitere mögliche Strategie für die CDU lag darin, in der Hoffnung auf einen eigenen Wahlsieg bei der nächsten Bundestagswahl die Regierung zu unpopulären Reformen zu drängen mit dem Kalkül, daß der Zorn der Wähler die Regierung trifft und die Opposition am Ende sogar profitieren könnte, zumal dann auch die unpopulären Reformen vor der Regierungsübernahme durchgeführt worden wären.[144]

Die CDU entschied sich weitgehend für eine Strategie der Kooperation, wobei sie in der zweiten Amtsperiode der rot-grünen Regierung »insbesondere in der Arbeitsmarkt- und Beschäftigungspolitik zu einer Verschärfung des Reformtempos und der Reformreichweite drängte, was sich insbesondere in der stärkeren Liberalisierung der Minijobs und der faktischen Abschaffung der

---

[140] Meyer, Thomas: Die blockierte Partei. S. 92
[141] vgl. Zohlnhöfer, Reimut: Zwischen Kooperation und Verweigerung. S.128
[142] vgl. ebd. S. 126
[143] vgl. ebd. S. 129
[144] vgl. ebd. S. 128

Regelungen zur Scheinselbständigkeit in den ersten Hartz-Gesetzen niederschlug«.[145] Verschärfungen gegenüber den rot-grünen Entwürfen erreichte die Opposition aus CDU/CSU und FDP auch in den Fragen des Kündigungsschutzes und der Zumutbarkeitskriterien bei der Arbeitsaufnahme.[146]

Nachdem zwar innerhalb der Koalition die interne Geschlossenheit durch die innerparteilichen Diskussion in der SPD gefährdet war, ansonsten jedoch die policy-Distanz zwischen Bundestagsmehrheit und Bundesratsmehrheit überwindbar erschien, weil über die grundsätzliche Richtung der Reformen Einigkeit bestand, war im Gesetzgebungsverfahren mit einem Erfolg der Reformen nach der Vetospieler-Theorie zu rechnen.

Im Rahmen der Vorbereitung der Gesetze spielten die parteiinternen Auseinandersetzungen der SPD insofern eine Rolle, als daß der linke Parteiflügel bestimmte Modifikationen zunächst durchsetzen konnten. Diese Zugeständnisse wurden jedoch im Gesetzgebungsverfahren im Rahmen der Verhandlungen wieder zurückgenommen.[147]

Die Einigung zwischen Regierung und Bundesrat fand in erster Linie im Vermittlungsausschuß statt. Durch Zugeständnisse von beiden Seiten wurde letztlich ein Kompromiß erzielt, der in Gesetzesform gegossen wurde und in Kraft treten konnte.

Schaut man auf die Parteiendifferenztheorie, so wird es hier deutlich schwieriger nachzuweisen, wo die eigenen typischen Akzente der rot-grünen Regierung in der Umsetzung der Vorschläge der Hartz-Kommission liegen. In weiten Bereichen fand eine Deregulierungspolitik statt, die eher von einer liberal-konservativen Regierung erwartet werden konnte. Insbesondere in den Bereichen Mini- und Midi-Jobs, bei der Leiharbeit und bei der Scheinselbständigkeit wurden zahlreiche Regulierungen, die in der ersten Wahlperiode vorgenommen waren, wieder zurückgenommen und teilweise übertroffen.[148]

---

[145] ebd. S. 129
[146] vgl. ebd.
[147] vgl. Pilz, Frank: Der Sozialstaat. S. 231
[148] vgl. Rose, Edgar: Arbeitsrechtspolitik zwischen Re-Regulierung und Deregulierung. S. 122

Zwar zeigen sich grundsätzlich immer wieder Bestrebungen, einen Rest an Regulierung zu erhalten, so bei dem Versuch, die Zeitarbeit tariflich abzusichern, jedoch kann von klassischen sozialdemokratischen Akzenten weitgehend nicht mehr die Rede sein. Insofern läßt sich für die zweite Amtsperiode der rot-grünen Regierung in Hinblick auf die Parteiendifferenztheorie die Vermutung erhärten, daß sich die Parteiendifferenz von der Sozial- und Wirtschaftspolitik auf Politikfelder verlagern wird, die bislang nicht im Zentrum der Parteiendifferenzthese standen.[149] Einen Hinweis hierauf bietet auch der Umstand, daß die grundsätzliche Richtung der Reformen durch SPD, Grüne, CDU/CSU und FDP geteilt wurden, die Unterschiede hier nur im Detail und im Ausmaß bestanden,[150] so daß von einer wirklich eigenen Akzentsetzung nicht gesprochen werden kann. Diese Erkenntnis schlägt sich auch darin nieder, daß bei den Landtagswahlen, die in der 15. Wahlperiode stattfanden, sowohl SPD als auch CDU durch die Wähler abgestraft wurden, wenngleich es die SPD härter traf. Die CDU hatte zumal nicht damit gerechnet, für ihre Mitwirkung an den Reformen des Arbeitsmarktes in Mithaftung genommen zu werden, was vor allem in den neuen Bundesländern stattfand..[151] Tatsächlich profitiert hat hier nur die PDS, die eine klare Stellung gegen die »Hartz-Gesetze« bezog.[152]

---

[149] Seeleib-Kaiser, Martin: Politikwechsel nach Machtwechsel? S. 17
[150] vgl. Zohlnhöfer, Reimut: Zwischen Kooperation und Verweigerung. S. 127
[151] vgl. ebd. S. 143f
[152] vgl. ebd.

6. Schlußbetrachtungen

Für eine Schlußbetrachtung der Aktivitäten der rot-grünen Koalition auf den Politikfeldern Renten- und Arbeitsmarktpolitik soll hier nun ein resümierender Überblick über die beiden Politikfelder gewagt werden. Hierzu wird die Tabelle nach Irene Dingeldey herangezogen und anhand der Tabelle geprüft, inwieweit sich Veränderungen von Zielen und Leitbildern in beiden Politikfeldern ergeben haben. Im Anschluß daran werden die Betrachtungen Frank Bönkers zur Verbreitung von Politikparadigmen zu einem Erklärungsversuch für den Paradigmenwechsel verwendet.

Bei dem Wandel vom fürsorgenden zum aktivierenden Sozialstaat geht es um die Analyse der Veränderungen von Zielen und Leitbildern[153] in den untersuchten Politikfeldern. Dabei lassen sich naturgemäß die für die Arbeitsmarktpolitik entwickelten Kategorien nicht komplett auf die Rentenpolitik anwenden.

Im Rahmen der sozialen Rechte indes ist der Wandel von den Leistungen qua Status zu den Leistungen qua Vertrag[154] auf beiden Politikfeldern deutlich zu erkennen. Beim Wechsel vom Sozialversicherungsparadigma auf das Mehrsäulenparadigma wurden vor allem die Bereiche gestärkt und gefördert, die als private Rentenvorsorge dem Muster des Vertrages entsprechen. Auch die Eingliederungsvereinbarung, die im Rahmen der Arbeitsvermittlung abgeschlossen wird, symbolisiert einen Wechsel hin zu vertraglichen Vereinbarung. Der Staat tritt dem Leistungsempfänger nicht mehr hierarchisch gegenüber, sondern als Vertragspartner kooperativ.[155]

Im »Schröder-Blair-Papier« war bereits deutlich der Anspruch formuliert, die Gleichheit neu zu definieren. Nicht mehr die Gleichheit der materiellen Lebensverhältnisse sollte das Leitbild in der Sozialpolitik sein, sondern die Gleichheit der sozialen Teilhabemöglichkeiten.[156] Hier kann sehr deutlich in Anlehnung an

---

[153] vgl. Dingeldey, Irene: Aktivierender Wohlfahrtsstaat und sozialpolitische Steuerung. S. 8
[154] vgl. ebd.
[155] vgl. ebd.
[156] vgl. Egle, Christoph und Christian Henkes: Später der Modernisierer über die Traditionalisten? S. 77

Dingeldey[157] der Wechsel vom fürsorgenden zum »aktivierenden« Wohlfahrtsstaat beobachtet werden, und dies ebenfalls in beiden untersuchten Politikfeldern.

Bezüglich der Arbeitsmarktpolitik zeigt sich in der ersten Wahlperiode ein anderes Bild als in der zweiten Wahlperiode. Fand in der ersten Wahlperiode durchaus ein Abrücken des Ziels des Normalarbeitsverhältnisses statt, indem Teilzeit und befristete Arbeitsverhältnisse akzeptiert und gestaltet wurden, fand mit der Umsetzung der Vorschläge der »Hartz-Kommission« der Wechsel zu den Zielen einer »flexible[n] Anpassung der Arbeitnehmer am Arbeitsmarkt«[158] statt. Mini-Jobs, Zeitarbeit und »kleine« Selbständigkeit wurden nicht nur akzeptiert sondern zu akzeptierten Lösungen, Arbeitslose wieder in den ersten Arbeitsmarkt zu bringen.

Welche Bedingungen sind nun günstig für die Verbreitung von (neuen) Politikparadigmen? Die Erschöpfung alter Ideen, die Anschlußfähigkeit des neues Paradigmas an die vorhergehenden, die Unterstützung durch mächtige Eliten, die Existenz von als positiv betrachteten Vorbildern, ein Elitenwechsel und die Existenz wirkmächtiger policy entrepreneurs werden als günstige Voraussetzungen identifiziert.[159]

Auch diese Voraussetzungen finden sich weitgehend für beide Politikfelder. In der öffentlichen Wahrnehmung galt sowohl das Sozialversicherungsparadigma in der Rentenversicherung als auch die bisherigen Wege in der Arbeitsvermittlung und Arbeitsmarktpolitik als ungeeignet, die anstehenden Probleme zu lösen. Unterstützung fand ein Paradigmenwechsel in der Rentenversicherung insbesondere durch die Arbeitgeberverbände und die Finanzwirtschaft.[160] Auch auf dem Feld der Arbeitsmarktpolitik wünschten sich insbesondere die Arbeitgeberverbände andere Modelle der Problembearbeitung. Auf Vorbilder im Ausland wird dabei regelmäßig in allen Bereichen verwiesen.

---

[157] vgl. Dingeldey, Irene: Aktivierender Wohlfahrtsstaat und sozialpolitische Steuerung.
[158] ebd. S. 8
[159] vgl. Bönker, Frank: Der Siegeszug des Mehrsäulenparadigmas in der bundesdeutschen Rentenpolitik. S. 344ff
[160] vgl. ebd. S. 352

Der Elitenwechsel hat in Deutschland gleich mehrfach stattgefunden. Neben dem Elitenwechsel in der Regierung durch die Abwahl der alten Regierung fand auch innerhalb der Parteien ein Elitenwechsel statt.[161] Begünstigt wurde dies durch einen weiteren Elitenwechsel in den Wirtschaftswissenschaften,[162] welcher sich ebenfalls auf die untersuchten Politikfelder auswirkte.

Die Rolle von policy entrepreneurs ist in der Rentenpolitik als eindeutiger und klarer feststellbar zu identifizieren als im breiteren Politikfeld der Arbeitsmarktpolitik. Wenngleich auch in der Arbeitsmarktpolitik hinsichtlich der Förderung eines Niedriglohnsektors unter anderem der auch in der Rentenpolitik aktive Hans-Werner Sinn sich mit entsprechenden Vorschlägen profilierte, ist die Wirkmächtigkeit seiner Konzepte und der anderer führender Vertreter des Mehrsäulenparadigmas in der Rentenpolitik sichtbarer.[163]

In der Arbeitsmarktpolitik ist es insoweit zu einem Paradigmenwechsel gekommen, als sich, wie oben ausgeführt, die Philosophie der Arbeitsmarktpolitik vom versorgenden, beziehungsweise fürsorgenden Wohlfahrtsstaat hin zum »aktivierenden« Wohlfahrtsstaat wandelte. Es soll nicht unerwähnt bleiben, daß die Bewertung dieses Wandels je nach Gewichtung unterschiedlich ausfallen kann.[164] Sind im Rahmen der Hartz-Gesetzgebung einfach nur neue Instrumente hinzugefügt und vorhandene Instrumente neu justiert worden, so daß von einem Wandel zweiter Ordnung gesprochen werden kann, wie bei Ludwig-Mayerhofer?

Im Hinblick auf die bisherige Arbeitsmarktpolitik mag dies für einzelne Instrumente zutreffen, wobei aber auch nicht vergessen werden darf, daß ein Wandel dritter Ordnung auch Wandel erster und zweiter Ordnung mit sich bringt.[165] Insofern kann die Neujustierung der Instrumente, sowie die Einführung weiterer Instrumente auch als ein Zeichen für den Wandel dritter Ordnung gewertet werden. Entscheidend ist, ob sich die Zielhierarchie geändert hat. Bei der Neuausrichtung der Arbeitsmarktpolitik auf die

---

[161] vgl. ebd. S. 354f
[162] vgl. ebd.
[163] vgl. ebd. S. 355f
[164] vgl. Ludwig-Mayerhofer, Wolfgang: Activating Germany. S. 109f
[165] vgl. Leisering, Lutz: Die Reform der Sozialhilfe. MS.

»aktivierende« Sozialpolitik und der Stärkung von Eigenverantwortung ist von einem Wandel dritter Ordnung und somit von einem Paradigmenwechsel, auch in der Arbeitsmarktpolitik zu sprechen.[166]

Bezüglich der Erklärungskraft des Wechsels durch die Vetospieler-Theorie zeichnet sich ein gemischtes Bild. Grundsätzlich lassen sich Politikergebnisse mit dieser Theorie vorhersagen, allerdings umfaßt sie auch nicht alle Aspekte und ist in Teilen unscharf, wenn die Lage bei den Vetospielern nicht so eindeutig ist.[167] Zuweilen stehen auch weitere Motive wie zum Beispiel jenes der Opposition, trotz grundsätzlicher Übereinstimmung in den Zielen die Regierung in der Öffentlichkeit als Handlungsunfähig dastehen zu lassen, quer zur Vetospieler-Theorie und werden von ihr nicht hinreichend abgedeckt.

In der Parteiendifferenztheorie zeigt sich, daß sich die traditionellen Linien zwischen sozialdemokratischen und konservativ-liberalen Parteien in der Sozial- und Wirtschaftspolitik auflösen. Die Differenzen zwischen diesen Parteien verlagern sich in Politikbereiche, die von dieser Theorie bislang nicht in dem Sinne erfaßt wurden.[168]

---

[166] vgl. ebd.
[167] vgl. Merkel, Wolfgang: Institutionen und Reformpolitik. S. 186f
[168] vgl. Seeleib-Kaiser, Martin: Politikwechsel nach Machtwechsel?

7. Fazit

Die Paradigmenwechsel der rot-grünen Regierung sind in zweierlei Hinsicht zu betrachten gewesen: Auf der einen Seite waren sie zu bewerten in Hinblick auf die Vorgängerregierung, auf der anderen Seite waren sie zu bewerten im Hinblick auf die bisherige Erwartung und Positionierung der Sozialdemokratie als Partei, welche für sich eine besondere Kompetenz für Sozialpolitik beansprucht und diese in der Vergangenheit auch weitgehend in Umfragen bescheinigt bekommen hat. Hier zeigt sich, daß in beiden Dimensionen ein Paradigmenwechsel stattfand, wenngleich zeitlich versetzt. Die von der rot-grünen Regierung betriebene Politik war in zweifacher Hinsicht nicht zu erwarten gewesen: Entlang der Parteiendifferenztheorie war nicht zu erwarten, daß eine sozialdemokratisch geführte Regierung eher konservativ-liberale Reformen im Sozialstaat durchführen würde. Nach den Vermutungen der Vetospieler-Theorie stand zudem nicht zu erwarten, daß im deutschen Sozialstaat, welcher als besonders pfadtreu gilt, Reformen, die einen Wandel dritter Ordnung mit sich bringen, möglich sind, und dies schon gar nicht, wenn in Bundestag und Bundesrat die Mehrheitsverhältnisse entgegengesetzt sind.

Dennoch hat sich die Arbeitsthese, daß ein Paradigmenwechsel in beiden Politikbereichen, also der Renten- und Arbeitsmarktpolitik, stattgefunden hat, bestätigt. Die Instrumente, die im Rahmen dieses Paradigmenwechsels zum Zuge kamen, waren durchaus auch schon vor dem Paradigmenwechsel vorhanden, wie zum Beispiel die betriebliche und die private Säule in der Rentenversicherung. Sie waren bis zu dem Zeitpunkt jedoch nicht in die direkte staatliche Strategie der Vorsorge eingebunden. Auf der anderen Seite begründete das Vorhandensein dieser Säulen die Anschlußfähigkeit des Mehrsäulenparadigmas an das Sozialversicherungsparadigma.[169] Ob die Einführung eines völlig neues Systems, welches einen kompletten Bruch mit dem alten System bedeutet hätte, gelungen wäre, ist fraglich.

In der Öffentlichkeit wurde jedoch der Paradigmenwechsel in der

---

[169] vgl. Bönker, Frank: Der Siegeszug des Mehrsäulenparadigmas in der bundesdeutschen Rentenpolitik. S. 351f

Arbeitsmarktpolitik stärker empfunden als in der Rentenversicherung. Wochenlange Demonstrationen, sowie die Begünstigung einer neuen Parteigründung[170] hat es im Zuge des sogenannten »Hartz-IV«-Gesetzes gegeben, nicht jedoch im Umfeld der Rentenreform, wenngleich auch diese auf Kritik stieß.[171] Insbesondere zeigt die Gründung der WASG und deren spätere Fusion mit der Linkspartei.PDS zur Linken, daß der grundsätzliche Paradigmenwechsel auch in der Lage ist, das Parteienspektrum zu verändern. Die Lücke in der Sozialpolitik, die mit dem Paradigmenwechsel innerhalb der SPD durch die Hinwendung zur »aktivierenden« Sozialpolitik gerissen wurde, will nun die Linke füllen. Durch das Zusammengehen mit der WASG gelang der PDS letztlich die Westausdehnung, die in der Vergangenheit immer wieder vergeblich versucht wurde.[172]

Wahlpolitisch haben die Paradigmenwechsel der SPD sehr geschadet. Nicht nur durch die Gründung einer neuen Partei, die sich im bisherigen Kernfeld der SPD ansiedelte, sondern auch die dramatischen Verluste bei den Landtagswahlen, die während der 15. Wahlperiode stattfanden, sowie zahlreiche Parteiaustritte, setzten der SPD massiv zu.[173] Daß auch die Union im Herbst 2004 bei Landtagswahlen in den neuen Bundesländern Verluste hinnehmen mußte, nachdem sie im Sommer der Zusammenlegung von Arbeitslosen- und Sozialhilfe im Bundesrat zugestimmt hatte[174] zeigt letztlich, daß die Menschen entgegen mancher öffentlichen Behauptung doch in der Lage sind, die Verschränkungen und Zuständigkeiten im bundesdeutschen politischen System zu durchschauen. Die Hoffnung, daß nur die Regierung für die unbequemen Reformen bestraft werden würde, ging im Herbst 2004 nicht auf.

Ein weitere bemerkenswerte Beobachtung im Rahmen des Paradigmenwechsels im Hinblick auf die SPD ist, daß die Partei die Diskussionen weitgehend unter großen Druck geführt hat. Bundeskanzler und Parteivorsitzender Schröder knüpfte seine politi-

---

[170] vgl. Leisering, Lutz: Die Reform der Sozialhilfe 1990-2005. MS.
[171] vgl. Pilz, Frank: Der Sozialstaat. S. 177ff
[172] vgl. Zohlnhöfer, Reimut: Zwischen Kooperation und Verweigerung. S. 132f
[173] vgl. ebd. S. 137ff
[174] vgl. ebd. S. 143

sche Zukunft an die Agenda 2010, und auf dem Parteitag im Juli 2003 stimmten die große Mehrheit der Delegierten dieser zu, wenngleich auch gegen die eigene Überzeugung, um die Gesamtchance sozialdemokratischer Politikgestaltung nicht zu gefährden.[175]

Grundsätzlich hat sich also gezeigt, daß ein Paradigmenwechsel in Deutschland auch dann möglich ist, wenn er aus vielen Gründen nicht zu erwarten gewesen wäre.

---

[175] vgl. Meyer, Thomas: Die blockierte Partei. S. 92

8. Literatur

- Blancke, Susanne und Josef Schmid 2003: Bilanz der Bundesregierung Schröder in der Arbeitsmarktpolitik 1998 - 2002: Ansätze zu einer doppelten Wende in: Egle, Christoph, Tobias Ostheim und Reimut Zohlnhöfer (Hrsg.): *Das rot-grüne Projekt.* Wiesbaden. Westdeutscher Verlag. S. 215 bis 238.

- Bönker, Frank 2005: Der Siegeszug des Mehrsäulenparadigmas in der bundesdeutschen Rentenpolitik in: *Zeitschrift für Sozialreform* 2005 (51. Jahrgang). Wiesbaden. Verlang Chmielorz GmbH. S. 337 bis 362.

- Buhr, Petra: Wege aus der Armut durch Wege in eine neue Armutspolitik? in: Gohr, Antonia und Martin Seeleib-Kaiser (Hrsg.): *Sozial- und Wirtschaftspolitik unter Rot-Grün.* Wiesbaden. Westdeutscher Verlag. S. 147 bis 166.

- Dingeldey, Irene 2006: Aktivierender Wohlfahrtsstaat und sozialpolitische Steuerung in *Aus Politik und Zeitgeschichte.* 8-9/2006, 20. Februar 2006, S. 3 bis 9

- Egle, Christoph und Christian Henkes 2003: Später Sieg der Modernisierer über die Traditionalisten? Die Programmdebatte der SPD in: Egle, Christoph, Tobias Ostheim und Reimut Zohlnhöfer (Hrsg.): *Das rot-grüne Projekt.* Wiesbaden. Westdeutscher Verlag. S. 67 bis 92

- Gohr, Antonia 2003: Auf dem »dritten Weg« in den »aktivierenden Sozialstaat«? Programmatische Ziele von Rot-Grün in: Gohr, Antonia und Martin Seeleib-Kaiser (Hrsg.): *Sozial- und Wirtschaftspolitik unter Rot-Grün.* Wiesbaden. Westdeutscher Verlag. S. 37 bis 60.

- Hall, Peter A 1993: Policy Paradigms, Social Learning, and the State The Case of Economic Policymaking in Britain. in: *Comparative Politics*, Vol. 25, No. 3. (Apr., 1993), S. 275-296.

- Heinelt, Hubert 2003: Arbeitsmarktpolitik - von »versorgenden« wohlfahrtsstaatlichen Interventionen zur »aktivierenden« Beschäftigungsförderung. in: Gohr, Antonia und Martin Seeleib-Kaiser (Hrsg.): *Sozial- und Wirtschaftspolitik unter Rot-Grün*. Wiesbaden. Westdeutscher Verlag. S. 125 bis 146.

- Leisering, Lutz 2007: Die Reform der Sozialhilfe 1990-2005. Die Reformfähigkeit des deutschen Sozialstaats und internationale Reformerfahrungen. MS.

- Ludwig-Mayerhofer, Wolfgang 2005: Activating Germany in: Bredgaard, Thomas und Flemming Larson (Hrsg.): *Employment Policy From Different Angles*. Copenhagen, DJØF Publishing. S.95 bis 114.

- Merkel, Wolfgang 2003: Institutionen und Reformpolitik: Drei Fallstudien zur Vetospieler-Theorie in: : Egle, Christoph, Tobias Ostheim und Reimut Zohlnhöfer (Hrsg.): *Das rot-grüne Projekt*. Wiesbaden. Westdeutscher Verlag. S. 163 bis 190

- Meyer, Thomas 2007: Die blockierte Partei - Regierungspraxis und Programmdiskussion der SPD 2002-2005 in: Egle, Christoph und Reimut Zohlnhöfer (Hrsg.): *Ende des rot-grünen Projekts*. Wiesbaden. Verlag für Sozialwissenschaften. S. 98 bis 123

- Nullmeier, Frank 2003: Alterssicherungspolitik im Zeichen der »Riester-Rente« in: Gohr, Antonia und Martin Seeleib-Kaiser (Hrsg.): *Sozial- und Wirtschaftspolitik unter Rot-Grün*. Wiesbaden. Westdeutscher Verlag. S. 167 bis 188.

- Oschmiansky, Frank, Andreas Maurer und Karin Schulze Buschoff 2007: Arbeitsmarktreformen in Deutschland - Zwischen Pfadabhängigkeit und Paradigmenwechsel in: *WSI Mitteilungen* 6/2007. S. 291 bis 297

- Pilz, Frank 2004: *Der Sozialstaat. Ausbau - Kontroversen - Umbau*. Bonn. Bundeszentrale für politische Bildung. Bonn.

- Rose, Edgar 2003: Arbeitsrechtspolitik zwischen Re-Regulierung und Deregulierung. in: Gohr, Antonia und Martin Seeleib-Kaiser (Hrsg.): *Sozial- und Wirtschaftspolitik unter Rot-Grün*. Wiesbaden. Westdeutscher Verlag. S. 103 bis 124.

- Schmid, Josef 2007: Arbeitsmarkt- und Beschäftigungspolitik - große Reform mit kleiner Wirkung? in: Egle, Christoph und Reimut Zohlnhöfer (Hrsg.): *Ende des rot-grünen Projekts.* Wiesbaden. Verlag für Sozialwissenschaften. S. 271 bis 294

- Schmidt, Manfred G. 2003: Rot-grüne Sozialpolitik (1998-2002) in: Egle, Christoph, Tobias Ostheim und Reimut Zohlnhöfer (Hrsg.): *Das rot-grüne Projekt.* Wiesbaden. Westdeutscher Verlag. S. 239 bis 258

- Schmidt, Manfred G. 2007a: Die Sozialpolitik der zweiten rot-grünen Koalition (2002-2005) in: Egle, Christoph und Reimut Zohlnhöfer (Hrsg.): *Ende des rot-grünen Projekts.* Wiesbaden. Verlag für Sozialwissenschaften. S. 295 bis 312

- Schmidt, Manfred G. 2007b: *Das politische System Deutschlands.* Lizenzausgabe für die Bundeszentrale für politische Bildung. Bonn

- Seeleib-Kaiser, Martin 2003: Politikwechsel nach Machtwechsel? in: Gohr, Antonia und Martin Seeleib-Kaiser (Hrsg.): *Sozial- und Wirtschaftspolitik unter Rot-Grün.* Wiesbaden. Westdeutscher Verlag. S. 11 bis 28

- Siefken, Sven T. 2006: Die Arbeit der sogenannten Hartz-Kommission und ihre Rolle im politischen Prozeß in: Falk, Svenja, Dieter Rehfeld, Andrea Römmele, Martin Thunert (Hrsg.): *Handbuch Politikberatung.* Wiesbaden. VS Verlag für Sozialwissenschaften

- Weßels, Bernhard 2007: Organisierte Interessen und Rot-Grün: Temporäre Beziehungsschwäche oder zunehmende Entkopplung zwischen Verbänden und Parteien? in: Egle, Christoph und Reimut Zohlnhöfer (Hrsg.): *Ende des rot-grünen Projekts.* Wiesbaden. Verlag für Sozialwissenschaften. S. 151 bis 167.

- Zohlnhöfer, Reimut: Zwischen Kooperation und Verweigerung: Die Entwicklung des Parteienwettbewerbs 2002-2005 in: Egle, Christoph und Reimut Zohlnhöfer (Hrsg.): *Ende des rot-grünen Projekts.* Wiesbaden. Verlag für Sozialwissenschaften. S. 124 bis 150

9. Tabellen

Tabelle 1: Dingeldey, Irene 2006: Aktivierender Wohlfahrtsstaat und sozialpolitische Steuerung in *Aus Politik und Zeitgeschichte.* 8-9/2006, 20. Februar 2006, S. 8